英雄模范共产党员故事汇

# 张秉贵
ZHANG BING GUI

刘 锋 编著

青海人民出版社

图书在版编目（CIP）数据

张秉贵/刘锋编著. -- 西宁：青海人民出版社，2020.9（2024.5 重印）
（英雄模范共产党员故事汇）
ISBN 978-7-225-06023-1

Ⅰ.①张… Ⅱ.①刘… Ⅲ.①张秉贵（1918-1987）—生平事迹 Ⅳ.①D263

中国版本图书馆 CIP 数据核字 (2020) 第 165217 号

英雄模范共产党员故事汇

## 张秉贵

刘　锋　编著

| 出 版 人 | 樊原成 |
|---|---|
| 出版发行 | 青海人民出版社有限责任公司 |
| | 西宁市五四西路 71 号　邮政编码：810023　电话：(0971) 6143426（总编室）|
| 发行热线 | (0971) 6143516 / 6137730 |
| 网　　址 | http://www.qhrmcbs.com |
| 印　　刷 | 青海雅丰彩色印刷有限责任公司 |
| 经　　销 | 新华书店 |
| 开　　本 | 890 mm × 1240 mm　1/32 |
| 印　　张 | 4.375 |
| 字　　数 | 90 千 |
| 版　　次 | 2021 年 1 月第 1 版　2024 年 5 月第 2 次印刷 |
| 书　　号 | ISBN 978-7-225-06023-1 |
| 定　　价 | 22.00 元 |

版权所有　侵权必究

# 引　子

## 张秉贵，北京市百货大楼的一面旗帜

张秉贵是新中国商业战线上的标兵，是深受广大顾客尊敬和爱戴的优秀售货员。

他是一名优秀的共产党员，他有一身过硬的本领，他以"为人民服务"的热忱带动了整个行业服务水平的提升。

他用自己胸中的"一团火"，温暖了广大顾客的心，在平凡的岗位上，做出了不平凡的业绩。

陈云同志为其题词："一团火"精神光耀神州。

"一团火"精神已成为王府井百货集团的企业精神，并在新的时代被注入了新的内涵：人文购物、人性服务，从软件到硬件，以顾客满意为宗旨。

2018年9月18日上午，纪念张秉贵一百周年诞辰活动，在他曾经工作数十年的百货大楼隆重举行。活动中，宣传弘扬了代表当代理念的"新时代一团火精神"：一团火，爱心之火，燃烧自己，温暖他人；一团火，匠心之火，专注品质，铸就经典；一团火，忠心之火，牢记使命，恪尽职守；一团火，星星之火，始于京华，光耀神州。

上午 9 时 30 分，百货大楼门前广场被耀眼的红色地毯装饰一新，整座建筑在晨曦的映衬下显得熠熠生辉。张秉贵铜像在鲜花丛中，更增添了新的韵味。由王府井百货集团各业态员工代表，以及首旅集团、东城区劳模代表共同组成的方阵，整齐地分列在张秉贵铜像周围。

纪念活动开始，人们通过专题片《火之魂》，更多地了解了张秉贵的事迹，感受着"一团火"精神对企业团队的深刻影响。在庄严、肃穆的乐曲和万众瞩目中，北京市人大常委会副主任、市总工会主席刘伟，首旅集团党委书记、董事长段强向张秉贵铜像敬献花篮。

王府井百货集团党委书记、董事长刘毅，中共北京东城区委书记张家明分别致辞。

刘毅在致辞中，对张秉贵同志光辉的一生进行了全面概括：张秉贵同志是"一团火"精神的奠基人，他是百货大楼一名普通的售货员，在平凡的工作岗位上，谱写了一段不平凡的商业传奇。30 余年中，他始终用一团火的热情，全心全意为顾客服务，刻苦练就了令人称奇的"一抓准""一口清"的服务技艺，被消费者亲切地誉为"燕京第九景"。1987 年，张秉贵同志因病故去，但由他开创的"一团火"精神却在每一位王府井人心中代代相传。

张家明在致辞中表示：张秉贵同志"一团火"的服务精神，是新中国商业战线上的一面旗帜，也是全心全意为人民服务的光辉典范。劳动模范是民族的精英、人民的楷模、社会的脊梁，也是推动经济社会发展的中流砥柱……

活动中，刘伟、段强为"新时代一团火精神"揭幕，全国劳动模范、百货大楼售货员王涛率领"新时代一团火传人"进行庄严宣誓。

全国劳动模范张秉贵的亲传弟子——卢秀严，手持"一团火"火炬出现在活动现场。当时已经67岁的卢秀严师傅，依然精神矍铄，苍白的发髻记录着一代王府井人奋斗的记忆。

# 目录

不堪回首的旧社会经历　　001

到德昌厚商店学徒　　007

并非天堂　　013

初站柜台　　022

兵荒马乱，生意更加难做　　027

解放后加入工会　　038

成为百货大楼一员　　043

"人家是党员"的触动　　048

两次"两块桃酥"事件　　055

参加国庆节观礼的感想　　059

"一抓准"和"一口清"绝技　　069

"一团火"精神　　075

燕京第九景　　083

# 目录

与日本同行交流　　　　　　090
广播"星星之火"　　　　　　094
张秉贵的柜台服务艺术　　　　100
生命之火最后的燃烧　　　　　107
"一团火"精神永存　　　　　　115
一位外国游客的疑问　　　　　123
张秉贵年谱　　　　　　　　　125

# 不堪回首的旧社会经历

张秉贵出生于1918年12月26日，出生在北京市丰台区。他出生的时候家里已经有三个孩子了，他是这家的第四个孩子。父亲是一名售货员，在金山汽水公司工作。一家六口人，全靠父亲每月六块钱的微薄收入养活，日子过得十分艰难。

张秉贵一出生，人们就看见他左侧眉头上方有一颗很大的黑痣。看相的人说，此相男主大贵，于是给他取名"秉贵"。其实按照出生时的情况，家人几乎看不到生活的希望，不知"贵"从何来，但通过张秉贵这个名字，至少可以看到父母对新生儿的美好期望。张秉贵后来成为令人尊敬的劳模，成为两届全国人大代表，成为全国人大常委会委员，成为"一团火"精神的奠基人，在平凡的工作岗位上，谱写了一段不平凡的售货传奇。这样看，他完全当得起这个名字，也绝对是"贵"。

散文家吴鲁芹在一篇忆旧文中记述珍珠港事件对他的影响，他慨然言之："历史上有很多大事，可以影响到一介小民的一生。"对于每个人来说，被放在历史的大环境中，几乎只能随波逐流，很少有机会和所谓的"命运"抗争。张秉贵出生时就赶上了社会的动荡，而这动荡不是在一座城市，一个国家，而是覆盖整个世界。

1918年11月，一场发生在欧洲并波及全世界的第一次世界大战结束了，战后的欧洲及国际间的关系都发生了大的变化。

在中国，1911年，辛亥革命爆发，清朝被推翻，从此结束了中国两千多年来的封建君主专制制度。1916年6月6日，仅仅当了83天总统的袁世凯，在一片反对声中绝望地死去，中国历史进入了一个新的时代。此时，被称为"中国旧民主主义革命的结束和新民主主义革命的开端"的五四运动，也在孕育之中。

这些看起来非常遥远的事情，从一定程度上会影响到人们的生活。世界和中国都经历了连年的战争，国家的贫瘠使得很多人生活没有保障，政局的动荡加剧了人们的两极分化，贫困的家庭到处都是。

家里孩子多，父亲每个月能挣到的钱有限，张秉贵时时能看到生活的艰难。他是个懂事的孩子，看到父亲母亲的不容易，总想帮家里做些力所能及的事情，减轻家里的负担。可是他太小了，在那样复杂的社会，父母怎能忍心让一个孩子出去做事。等到张秉贵大一点儿的时候，他就开始为家里做事，7岁时，他出去捡柴、挖野菜；8岁时，他就常常出去"打执事"。

"打执事"是中国北方婚丧嫁娶仪式中的一个组成部分。婚嫁打执事的,是指在花轿前分两行列队,成双行走的人。丧事打执事的,则指举着旗、锣、伞、扇、肃敬回避牌等,在灵前列队行进的人。打执事的大多是几岁到十几岁的失学儿童,打一次执事,可挣得几吊钱。打执事的主家都是有权有钱的人家,他们喜欢讲排场、摆阔气。他们大多对穷人缺乏同情和尊重,也很少怜悯,但也正是这种"习俗",使不少穷人受益,尽管打执事的过程需要付出很多辛苦,但也使很多生活艰难的家庭,靠着孩子"打执事"能得到一点儿钱,补贴家用。

由于打执事的多是十二三岁的孩子,这个行业也称"小人行"。丧礼中受雇的小孩,一律头戴假抓髻,身穿白布印花的小短褂,这主要是为了掩盖那些小孩子穿的破衣服。旧中国,很多人家贫困到连一身像样的衣服也没有,为了讨生活,只要能有一点儿报酬,什么样的活儿都肯干。

有一次,张秉贵去"打执事",因为起得早,顾不上吃饭,母亲就给他装了一块贴饼子。张秉贵怕赶不上,一溜小跑赶路。等休息时,别人都在吃东西,张秉贵找自己的贴饼子,却怎么也找不见。他想来想去,觉得很可能是赶路的时候掉了,自己没有察觉到,没办法只能饿着。别的小孩见张秉贵没有东西吃,想分给他点儿,他却说自己早上吃过饭了。没有吃饭的小秉贵,不肯接受别人的食物。因为他从小就是个要强的孩子,知道别人的食物也不充足,来干这活儿的人,都是生活艰难、迫不得已的,能带点吃的,已经很不容易,自己分了别人的食物,害得人家吃不饱，这样的事情他是不愿意做的。没有吃东西的张秉贵就挨着饿硬挺，执事结束后，他赶紧往家跑。一进村，就看到母亲在门前等他。

不论他出去多久，回来的时候，母亲总在门前等候他，他不知道母亲等候了多久。见到母亲，那些受到的委屈，受过的苦难，仿佛都烟消云散了，他加快步子，跑到母亲身边。

母亲见到跑过来的秉贵，心疼地说："天都到下午了，你只吃了一个饼子，又走了那么远的路，饿了吧？"

张秉贵小声说："饼子丢了。"说完，他把刚挣下的钱如数交给了母亲。母亲听到这话，就知道秉贵连一块饼子也没有吃到，看看还在呼呼喘气的秉贵，再看看手里的钱，她的眼泪止不住地流了下来，多么懂事的孩子呀！他挣点钱想到的是交给家里，这么小的孩子承受这样的压力，实在是没有办法的事情，母亲边擦眼泪，边抱了一堆柴火，赶紧给儿子做饭。

张秉贵对这次挨饿的事情记忆深刻，他想为家里多做一些事情，让父母高兴，也让家里生活得到改善。在动荡的社会里，没有几个人能过上安稳的日子，贫苦人家尤其艰难，命运并不掌握在自己的手中。个人或家庭，就像汪洋里的一条小船，只能随波逐流，常常面临倾覆的危险。

11岁那年，张秉贵和三哥到天津一家地毯作坊当学徒。那里条件艰苦，他们7个人睡在一个小炕上，挤得实在没办法，只能侧着身子睡。由于居住条件差，卫生状况不好，人又多，炕上寄生了很多臭虫，他们随手一抹就是一摊血。天气暖和一点儿的时候，他们可以到堆放的毛线上睡，稍稍缓解一下拥挤的状况。

一个11岁的孩子，离开父母独自生活，更重要的是还要干活来养活自己，"穷人的孩子早当家"，一点儿不假。

张秉贵学的是绕毛线，每天不停地绕。绕毛线使他的手被磨得很粗糙，几根手指上都被勒出了深深的口子，直流血，痛得没办法，只好用纸把手包起来继续绕。即便是这样卖力、这样辛苦地工作，他也没有能干下去。因为他年龄太小，绕的毛线总不达标，被作坊老板撵出了作坊，小小年纪竟然失业了。

没办法，他只能回家。不久，通过关系，他又到崇文门外的一家织布厂当学徒。年岁大了一点儿的张秉贵，表现出了他心灵手巧的一面，尤其是技术活儿，一点就透。他很快就学会了织布，看起来马上会有一个美好的前途，可是一场大火又使他的生活没有了着落。在临近春节，马上要放假的前一天夜里，工厂着火了，张秉贵再次失业，连他的行李也被大火烧成了灰烬。

经历了两次找工作，两次失业，除学了一点技术之外，张秉贵的身上还留下了挨打的血印和疤痕。

张秉贵的这些经历，发生在百年前，那时候除少数有权有势的人外，大多数贫苦人都过着吃不饱、穿不暖的日子。穷人的孩子没有机会走进学校，接受更多的教育，很小的时候就要讨生活。更为贫穷的人家，生下孩子养不起，不是丢弃，就是送给别人，卖儿卖女的现象也普遍存在。通过自己的辛勤劳动想改变生活的途径，对于穷人家来说并不容易，他们并不知道自己的明天会怎样，前途在哪里？

幸运的是，张秉贵的父母省吃俭用，让张秉贵读了一点书，尽管不到两年他便辍学了，但这短暂的读书经历对于张秉贵来说已经是十分可贵了，知识的种子播进了张秉贵的心田。

## 到德昌厚商店学徒

　　1936年8月，对张秉贵来说是一个重要的时刻，快满18岁的他迈进栏柜，开始了他的售货生涯。虽然这是当时的权宜之计，是个偶然，但却和他的职业生涯紧紧相连。自此以后的50多年里，他和这个行业密不可分，商业成就了他，他也为这个行业奉献了自己的一生。

　　那是一个闷热的上午，年少英俊的张秉贵身穿长衫，头戴一顶崭新的草帽，跟在他的介绍人周月卿身后，迈着轻松的步子，向坐落在北京西总布胡同西口外的一家商店——德昌厚走去。

　　张秉贵的这身打扮，是当时中产阶层人士的打扮，令他自豪的是，这身打扮都是他用自己织布挣的钱购置的。父母没有能力给他购置新衣服，他从小到大穿的都是哥哥们穿过的旧衣服，上私塾的时候见先生时穿的大褂还是借来的，在地毯作坊和织布厂穿的也是补了又补、缝了又缝的衣服。在织布厂，他虽然每天在忙忙碌碌地织出大量的布匹，但他知道这些从来不是为自己这样家庭条件的人织的，他更清楚微薄的工钱对于家里来说是多么重要。尽管如此，他还是省吃俭用，积攒了一年多以后，才配置起这套看起来有一点气派，又有那么一点与他身份不相称的新衣服。他听哥哥说过，"以貌取人"几乎是社会上很多人最常有的心态，进商店当学徒也必须身穿长衫。他也知道"人靠衣裳马靠鞍"，穿上长衫，走在街头，昂首挺胸，自信满满，和平时穿着满是补丁的衣服，怕别人看，也怕遇到熟人，两种感觉确实不一样。穿上长衫的张秉贵看到路边人投过来的也多是羡慕的眼神，尽管他并不十分留恋这种感觉，但还是感到一时的惬意。

　　走在前面的是介绍人周月卿。周月卿是他哥哥的好朋友，在一家烟卷公司做销售工作，和张秉贵比起来算得上是见多识广。周月卿也是一身长衫，不过他的手里还多了一把白纸折扇，这也是他有意拿的，一柄折扇在手，既可用来扇风取凉，也是当时有身份人士的象征，看上去更多了几分儒雅。

　　走了一会儿，前面的周先生忽然停下来对张秉贵说："快到了。"周先生再次将规矩讲了一遍，并嘱咐张秉贵不要害怕，回答问题要大胆、自信，声音要洪亮。交代完毕，周先生感觉比较有把握了，两人擦擦汗，整整衣衫，继续往前走。

　　张秉贵终于看到他们要找的德昌厚综合商店：临街三间门面，一字栏柜，门上高悬黑漆金字牌匾，门外支起遮阳挡雨的帆布帐檐。下面整齐地摆放着商品，一卷卷凉席，立在特制的木架上；

一摞摞肥皂，码成塔式的花垛。店堂里高大的玻璃货架和擦拭锃亮的玻璃货柜里陈列着五光十色的香烟和化妆品、搪瓷品，还有时髦的针织品。店里还有一股刺鼻的煤油味儿，显得和这里的环境不那么协调。

张秉贵还在观望，他感觉很新鲜，这就是将来自己要来的地方，会让他干些什么呢？正沉浸在天马行空想象中的张秉贵，感觉忽然有人拉了他一下。原来周先生看他出了神，赶忙提醒他一下。张秉贵回过神来，跟在周月卿身后，两人先后迈进店堂。

周月卿收起折扇，向站在柜台前的店堂掌柜抱拳拱手问好，对方也很客气地还礼。周月卿回头指着张秉贵说："我上次说的那个徒弟给您领来了，请您多多照应！"张秉贵还没有习惯和人打交道，一时不知道该怎么办，是作揖还是鞠躬？只能不自然地笑笑。打过招呼后，这位店堂掌柜带着周月卿和张秉贵到柜房找既是东家又是掌柜的于子寿。

于子寿身材魁梧，大腹便便，穿着雪白的绸褂，半敞着胸怀。他面色红润，眉宇间透出精明和威严。柜房里一样也很闷热，于子寿和周月卿各自扇着扇子，简单的寒暄后，就转入正题。

这时候一个小童进来倒茶，倒完茶后就退出去了。张秉贵见这个小童穿着很不讲究，衣服也不整洁，心中不由发愣。他是干什么的？是学徒吗？怎么穿成这样？但他没有更多的时间来想这些问题，因为一场考试就在眼前，而且是关于自己的，可以说是关乎命运的重要考试，他不敢分心，赶紧专注地观察着这位决定自己去留的掌柜。

"这是我给您送来的小徒弟张秉贵。"周月卿转脸对张秉贵说："见过掌柜的！"

这次张秉贵有所准备了，他赶紧上前一步，摘下草帽，鞠了个大躬。

"他的哥哥是明兴煤油烟卷行的伙计，和我是多年至交，没说的。这个年轻人机灵、听话、靠得住。要是不知根知底，我也不敢给您举荐。"张秉贵听周先生这样说，心中很是感激。他看到于子寿手中的纸烟快抽完了，马上去递烟。于掌柜一挥手说："不用。"随手自己取出一支烟，在桌上墩了几下，把烟头接上去继续抽，并从头到脚打量了张秉贵一番。片刻才吐出一口烟，慢悠悠地问道："你今年多大啦？"

"17岁，属马的。"

"上过学吗？"

"上过两年多私塾，念过《三字经》《百家姓》《千字文》《名贤集》《弟子规》；刚念《四书》就转到了平民学校，念了两年多常识、国语、算术。11岁就当学徒了。"其实这是张秉贵为这次"考试"专门准备的"简历"，他自己并没有读过这么多年书，由于准备充分，张秉贵早已练了很多遍，速度很快地把自己看过的那些书一股脑地倾泻出来，流利但是略显紧张。

"学徒？都学过什么？"于子寿毫无表情地问。

"学过织地毯和织布。"张秉贵如实回答。

"怎么，都没待住？让人家辞退的？"于掌柜的话跟得很快。

这是显而易见的，待住了，就不会来到这里，没待住，一定有原因。

张秉贵略一迟疑,面带一丝笑容回答:"不是,地毯厂关门了,织布厂后来经营不好,也没活干,我怕失业,就……"

"你怎么想学买卖啦?"于子寿打断了张秉贵的答话,眼光逼人。他其实并没有想听张秉贵的回答,也知道很多小作坊式的厂子是经不起风浪的,倒闭也好,被辞退也罢,结果都是一样,他随口问出这话,也不过是想看一下年轻人是不是机灵,怎样来回答这些尴尬的问题。

张秉贵不敢和于子寿的目光对视,但他回答得很巧妙,避开了于子寿的锋芒:"我大哥是学买卖的。学买卖比耍手艺好,不失业,这不大哥托朋友找到您这里,他希望我在这里好好干!"

大哥确实说过类似的话,在张秉贵的心目中,大哥是他崇拜的偶像,在他的家庭以及周围的邻居眼里,大哥是见过世面的人,言谈举止都透露出精明、智慧,那并不新的一身打扮,也使很多小孩子羡慕不已。不过,这些话还是张秉贵临时想起来的,他想大哥的意思也就是这样吧!

"那倒是!"于子寿得意地点点头,转而对周月卿说:"在我这里只要好好干,就失不了业。你说是吧!"

周月卿连忙接过话茬,并给张秉贵使了一个眼色,不紧不慢地说:"还不快谢谢掌柜的赏饭吃!"

张秉贵连忙鞠了个大躬,有些急促地说:"谢谢掌柜!我一定好好干,好好干!"

于子寿说:"你念过书,写个名字我看看。"在门外伺候的小童马上取过来笔墨纸砚。

张秉贵有点紧张，念书、写字仿佛是很久远的事情了，几年来为了生活到处奔波，已经长时间没有拿过笔，手也很生疏了，但他还是站在桌边工工整整地写下了自己的名字。墨迹未干，张秉贵便双手将字递给了于子寿，这时才发现纸上竟然有一颗豆大的汗珠。

于子寿伸出右手将纸拿过去，扫了一眼，略一点头说："明天来吧！"

张秉贵如释重负。他听见于子寿对周月卿说："明天秉贵搬个铺盖来，您就不必陪他了。"

"那就多谢您啦！这个年轻人挺实在，不周到的地方，您就多劳神点拨着点儿。不好好干我找他哥哥去！"周月卿似乎没有想到会这么顺利，好像办完了一件天大的事情，心上一块石头落地了。

"这您放心。只要好好干，用谁都是用。"于子寿手抚茶杯，站起身来送客了。

周月卿见状也连忙起身，张秉贵也紧随着向外走。

走出店堂，张秉贵觉得衣服不大舒展，过了一会儿，才发现汗水已经把小褂和长衫粘在脊梁上了。他再次谢过周先生，周月卿对秉贵的表现还算满意，和他交代了几句应该注意的事项，就匆匆离开了。

张秉贵太兴奋了，曾经暗淡的前途，又呈现出一丝光亮，他满怀兴奋地步行回家，二十几里的路程几乎是一路小跑走完的，没有觉得像往常那样漫长，他想把这个好消息快点告诉家里人，尤其是妈妈。

# 并非天堂

张秉贵无数次憧憬过当上学徒后的情形,但他没有想到在等级分明的旧社会,所不同的只是工作地点、工作性质,贫苦人的地位是不会改变的,被欺凌、被侮辱的状况是不会改变的。

他是怀着满腔热忱来到德昌厚的,迎接他的却是冷漠。张秉贵高高兴兴进店后,店堂掌柜王雨田只是冷冷地点点头,便让他把行李放到门板后面的铺盖垛上去。

德昌厚的铺规很严,伙计们平日不准回家,一律住在店里。但店里并没有专门的宿舍,除掌柜于子寿外,二十来个人每天晚上都在柜堂临时搭铺睡觉,有的人甚至睡在柜台上。晚上,他和师兄们忙活着搭床,但因为木板有限,他只能睡在宽不过二尺的柜台上。

柜台太窄了,他又是新来的,只能把稍微好一点儿的地方让给先他而来的师兄。但是，在柜台上睡觉实在不舒服，不能踏踏实实睡觉，更不能翻身，一翻身就会掉下去。有次，入睡后不久，一翻身，张秉贵便从三尺高的柜台上连人带铺盖摔了下来。师兄们被他掉下来的声音惊醒了，但没人敢出声，有的只是轻轻地叹了口气。紧挨着张秉贵的一位师兄悄悄帮他把铺盖弄好，把他扶上去并叮嘱他："最好别翻身，习惯了就好了。"

其实，这些师兄们大都有睡柜台掉下来的经历，所以他们倒也并不奇怪。

张秉贵很快就入睡了，早上5点多钟，他被人从睡梦中推醒。他抓紧起来，收拾起自己的铺盖，很快就和师兄们干起活来。他们打扫门外，清扫店堂，打扫完卫生后，很快就在门外支起帐子，店员们有的擦拭货柜，有的陈列商品，每个人都很忙活，尽管人很多，却显得并不忙乱，而是井井有条。张秉贵主动打下手，他本身就很机灵，干活利落，眼里有活，加上他为人善良，很听话，短短几天，上上下下对他都有好感。不几天，他就被派去伺候于掌柜了。

伺候掌柜，这是旧时商店中的规矩。那时候讲究"师徒如父子"，学徒是没有尊严的，他们被看作挣钱工具的同时，还被当作奴仆一样看待。学徒不但要伺候掌柜，甚至还要伺候比自己资历老的伙计。所以有人编了顺口溜："徒弟徒弟，三年奴隶，干不完的活，受不尽的气。"

早晨，于掌柜不用早起。张秉贵在柜堂干活，还要随时留意于掌柜的动静。于掌柜穿衣起床，就得赶紧进去问候："掌柜的您起来啦!"接着就是整理被褥,给于掌柜打漱口水和洗脸水,扫地,擦拭桌椅,收拾房间,然后给于掌柜沏好茶,问问还有没有事情。掌柜的说没事儿了,学徒就回到柜台去干活,掌柜的有其他吩咐,就要随时听候召唤。

张秉贵刚到店里,除了干些帮忙的活儿,主要就是站在门口,看到顾客走近就把玻璃门拉开,掌柜进出,也得拉门问好。于掌柜出门骑的自行车,要求擦得崭新,这也是张秉贵的活儿。于掌柜很难伺候,师兄们把各项"规矩"都详细地讲过了,唯独漏了捶腿的事儿,致使张秉贵被狠狠地踢了一脚。

一天晚上,张秉贵按照师兄交代的程序,替于掌柜铺好床,打了洗脚水,直到于掌柜躺下眯起眼睛听收音机了,他才轻手轻脚地退出去,和大家一起搭床睡觉。忽然听到于掌柜高喊:"秉贵!搭完铺过来给我捶腿。"张秉贵答应着,却没听懂,便问师兄。师兄抱歉地说:"给掌柜的捶腿这事儿,我没有对你说。掌柜的太缺德,我们累一天了还不让睡觉,只顾他自己舒服,不管别人死活。我想你比我大两岁,他要是不好意思叫你捶腿也许就算了。"师兄摇摇头不再说话。

搭完铺,到于掌柜房间时,张秉贵看了看墙上的钟表,已经12点多了。于掌柜说:"我的腿有毛病,捶捶好受点儿,使劲儿要均匀。"张秉贵就站在床边捶起来。毕竟忙了一天了,天又很晚了,捶着捶着,张秉贵就忍不住打起瞌睡,可他还是强打精神。过度的疲劳使他几次想停止捶腿,但不敢开口,后来终于用婉转的口气试探着问:"再捶一会儿吗?""怎么,不愿意捶啦?"于掌柜问。"不是。"张秉贵只好继续捶。又捶了一会儿，他见于掌柜躺着不动了，便放慢了速度，忽然，于掌柜掀开被子，一脚向他踹来，大声说："捶呀！"张秉贵被踹醒了，他忍着疼痛又捶了起来，一直捶到半夜1点多钟。从掌柜屋里出来，汗水已经把他的棉袄浸透了。

伺候掌柜是被迫的，学买卖是自愿的，即便受尽欺凌，张秉贵还是充满上进心。只要一有机会，他就专心地学习商品知识和售货技术。师兄们教他认货，还教他辨认胶鞋的尺码和几十种香烟的牌号。他发现商品的背面或包装不显眼处还写有一两个字，一打听才知道是标价的暗码。暗码由文字表示从一到十的数字，熟悉暗码意思的店员，能从中得到一些有用的数据，便于掌握售货价格。德昌厚也有一套自己专用的暗码，即便是同行也很难识别。

晚上，营业不忙时，师兄们要做第二天售货的准备工作，最麻烦的是"绕线"。张秉贵以前做过，绕起来十分熟练，他就主动帮助师兄们绕线，不料也惹出了麻烦。

一天，一位老太太找到柜台，气呼呼地把两绺线扔在柜台上，原来一绺尺寸不够，另一绺绕乱了，成了"瞎线"。师兄们忙解释，这是新来的师弟绕的，赶紧给老太太赔不是，并更换了新的两绺线。师兄把退回的线给张秉贵看，并告诉他：绕线要记准尺寸，不能马虎，一般人买一绺线能做多少活儿心中有数，尺寸不够了，肯定会找来。师兄们还教他怎样换扣，才能做到一抻就开。张秉贵深感学买卖的不容易，下决心掌握这些技术。他还向师兄们学打包、打算盘等。

白天没有时间学习,他只能晚上挤时间。每天掌柜留给他们的休息时间只有6个小时左右,他再挤出时间学习,睡眠时间就更少了,有时只有三四个小时。这样短的睡眠显然不够,所以他们就常常感觉到困乏,这也是对他们的最大煎熬。长年下来,因为困而闹出的故事不少,不过多是有惊无险,但有时候也难免遭遇到被辞退的厄运。

因为实在太困了,有的端着饭就睡着了,有的在上厕所的时候栽倒了。尽管这样,他们在店堂里还必须强打精神,不能流露出倦意。实在支撑不住了,就用凉水洗把脸或冲冲头,再不就暗自拧一下大腿。

张秉贵就曾目睹了睡眠不足给师兄弟们带来的灾难。他的一个师兄晚上10点多钟骑车去崇文门外送货,返回时因为太困了,迷迷糊糊就走错了路,直到撞上电线杆才清醒过来。人摔倒了,胳膊擦破了,自行车也撞坏不能再骑了。等推着车子回到店里,已经是晚上12点了。于掌柜问为什么回来这么晚,师兄不敢说实话,撒谎说被人撞了。于掌柜不问人有没有受伤,只骂着要他让赔自行车。

有次,张秉贵的一个师弟小魏实在困得难忍,偷偷点了一支香烟想解解乏,恰好被于掌柜看到了,过去就是两个耳光,打完后就把小魏解雇了。

那时候,于掌柜解雇徒弟,是常有的事情,不需要履行任何手续,常常因为一点儿小事情,就把介绍人找来,解雇人的理由也千奇百怪，有的简直不能成为理由，但被解雇者只能接受，无力反抗，当然反抗也是不起作用的。张秉贵的师兄弟被解雇的也不少，原因多种多样。有的因为早晨晚起了一会儿，被于掌柜发现了；有的因为力气小，两手各提着30斤重的油桶，偶然失手，桶落到地上；还有一个学徒的名字叫陈洪钧，有人喊他的名字的时候，听上去像是"红军"，于掌柜怕惹上麻烦，也把他解雇了。

被解雇是学徒的灾难，带来的不仅仅是失业，往往还会被人误解，常常会被人认为是没有出息。学徒一旦有过被解雇的历史，再找工作就很费力。师兄弟们常有被解雇的，使得张秉贵工作时更加小心翼翼，平时即便受点气，也丝毫不敢表现出来。

于掌柜虽然心狠，却装出一副慈善、和蔼的面孔，并常常给徒弟们灌输"护柜"思想，张口闭口"咱们柜上"，有时候听了这些话，学徒们心里也热乎乎的。但是，张秉贵亲眼见到的一件事，使他感到震惊，彻底改变了自己的看法，对于掌柜的假慈善有了进一步的认识，那是师弟小刘的突然死亡。

小刘的父亲去世了，家中只有他和母亲相依为命。因为家境贫寒，就到德昌厚当了学徒，他的家距离德昌厚并不远，但因为有不准回家的规定，只能睡在店里。一天晚上，小刘患了急病，睡下后在床上翻滚，不敢声音太大。店堂掌柜听到小刘的翻滚和呻吟声，不问青红皂白，竟然大声呵斥。小刘不敢再出声了，别人也不敢去看看到底是什么情况。到了后半夜，柜堂里忽然臭气熏天，随即小刘发出一声惨叫。店堂掌柜王雨田开灯查看，小刘的床上满是污秽,人滚到地上已经昏迷不醒。这时大家纷纷起床,于掌柜听到声响也起来了,他告诉众人不要大声说话,马上指派张秉贵和另外一个学徒去请一位有名的老中医。不一会儿,医生请来了,看过病人后,医生摇了摇头,叹口气说:"办后事吧,没气啦!"一个年轻的生命,就这样突然离开了,长期相处的师兄弟们都不禁流下了眼泪。

在张秉贵他们去请医生的时候,于掌柜已经准备好了烟和茶,经验丰富的于掌柜知道这样的事情应该怎样处理。他把大夫请进柜房,求他开个药方。大夫会意,提笔写了起来。张秉贵心里纳闷:既然人已经去世,为什么还要开药方?等到药方开完了,张秉贵想去抓药。于掌柜喊住张秉贵,说:"把药方放下,你出去吧。"张秉贵退出后,一位师兄悄悄对他说:"这药方不是为了治病,是为了应付小刘的家里人,表明于掌柜不是见死不救,而是医治无效死亡。"

医生走后,几个查夜的巡警见店里灯亮着,便闯了进来,看到这个场面,马上严厉地宣布:"半夜死人,听候检验,明日不得开门。"于掌柜不慌不忙,把巡警请进柜房。张秉贵想跟进去倒茶,却被于掌柜赶了出来。过了一会儿,巡警们便嘻嘻哈哈地走了。于掌柜给王雨田使了个眼色,就转身回自己的房间去了。王雨田指挥徒弟们把尸体抬进库房,打扫完现场后,吩咐继续睡觉,不要耽误第二天开门。

第二天,德昌厚照常营业,好像什么事情也没有发生过。张秉贵听到于掌柜给小刘的介绍人打电话,说小刘突然患了急病,店里及时请了医生,但因抢救无效,人已经去世了。还让介绍人不要着急,要对小刘的亲属婉转说明。下午,介绍人带着小刘的妈妈来到了德昌厚。她已经50多岁了,两眼发直,只问了一句"我儿在哪里",便泣不成声。

小刘的事情就这样草草处理了,一个生命就这样消失了。张秉贵和师兄弟们谁也没有心思去打听到底是怎样处理的,他们知道即便想方设法打听到底是怎样处理的,也不会有人对他们说实话。

可是,师弟的形象,师弟母亲凄厉的哭声,以及事情的整个过程,深深烙在张秉贵的心里。从此,他对于掌柜挂在嘴上的"咱们柜上"有了新的理解,他知道那是于掌柜的"柜上",与他们无关,即便他们的生死,也不会让于掌柜有半点牵挂。他知道,自己走进德昌厚,对于生活来说可能有了一点儿着落,但这里绝不是他想象中的那样,不是他的天堂,但他还要干下去,他要生存,何况现在也没有更好的去处。

一转眼,快到农历新年了,张秉贵到德昌厚也半年了。

正月初六晚上,是各家商店"说官话"的日子。"说官话"就是年终总结和年终奖金发放,还要加上一些吉利话,从心理上祈求来年生意红火。德昌厚的"说官话"由掌柜于子寿亲自来"说"。他说完一番吉利话后,把伙计们一个个叫进柜房去"说",一番老生常谈的话之后,因人而异地肯定优点,指出不足,对徒弟数落一番后,拿出包好的红包。这时候,不管是满意不满意,都要作揖道谢,这也是"规矩",好比古代的皇上,即便是要罢大臣的官、杀大臣的头、抄大臣的家,这些大臣还要"谢主隆恩"。

"官话"也是权威的象征,掌柜想怎样做就怎样做,没有一丝的民主,决不会征求你的意见,红包里的钱到底有多少,相互之间也不能打听。不过,只要看到每个人从掌柜屋里出来的表情,也就能猜个八九不离十。眉开眼笑的,一定是比较满意;愁眉不展、垂头丧气的,不用问是没有达到自己的预期;出来后就收拾行李的,毫无疑问是被掌柜解雇了。

张秉贵排在最后一个,他忐忑不安地走进柜房。

于掌柜说:"你进店不到一年,用不着说官话,不说官话就没有馈送。今年要好好干,别学偷懒耍滑,要是不好好干,年底还是没有馈送。"张秉贵一听分文不给,心里凉了半截,但他还是连忙回答:"我一定好好干!"于掌柜看出了他的失望,又接着说:"都说我管徒弟管得严,用人用得狠,其实,这都是为了你们好,不管不用能学得出来吗?"张秉贵连忙答应:"掌柜说得对,我要快点学出来!"

从柜房出来,张秉贵感到十分委屈,勤勤恳恳,干活不少,年底一分钱都没给,又没地方去说理,他对于掌柜的刻薄有了更深的认识,对贫苦人的无奈有了更多的体会,但他暗暗下定决心,一定要多学售货技术,学好售货技术。

# 初站柜台

一年后，张秉贵开始站柜台卖油了，学徒还不到两年就能接待顾客，这是十分难得的，是他勤学苦练的结果，也是对他能力的肯定，有机会在柜台上学买卖，是他梦寐以求的；还有就是不用伺候于掌柜了，他的心里也稍稍舒服了一些。

不过，即便站柜台了，也还有明显的等级，他不过是比学徒高一点儿，却还不能接待有身份的大主顾，他的接待范围仅限于论斤两打煤油的普通百姓。这些顾客，大多数都住在附近，有晚上读书熬夜的学生和教师，有在灯下做活养家的妇女，也有在夜晚拉洋车必须点灯的车夫。这些人尽管常有需求，量也不一定小，但他们一次买不起太多，他们的钱要周转起来，要精打细算才能把生活安排得能过下去。他们有的用小瓶子打油，有的干脆用灯直接来灌，每次成交不过一两个铜板，却十分计较。张秉贵以前也帮家里买过油,知道那些和他一样的穷人生活不容易,现在自己掌握着油提,他力求自己做到秤平提满,公平交易。他的做法赢得了别人的好评,常来的一些客人还在掌柜面前夸奖张秉贵,掌柜也觉得他人忠厚,干活实在,人缘也很好,对他也比较欣赏。

不过,即便张秉贵尽力做到公平交易,那时候的掌柜也有赚钱的绝招。德昌厚经营的煤油和汽油,都是大桶进货,进回后改装成小桶,这个过程中要克扣些分量;即使原装的小桶油,也要将桶上打两个小眼,从中取出半斤左右的油,然后再焊接好出售。

张秉贵虽然站柜台了,但每天只是在傍晚前,人多的时候站一会儿帮忙,大部分的时间,他还是在做苦力,所以分装、焊接这些技术他都学会了。由于每天和油类打交道,他的身上全是油污。他们出售的油,每小桶30斤重,只有一个小环可提,学徒们每天倒腾一二百桶油,不但要出入库,还要码上卸下的,时间一长,张秉贵的右手中指竟然成了畸形。

尽管工作劳累,张秉贵还是满怀信心地干着。只有干起活来的时候,张秉贵才不去想其他的事情。可是没多久,他就遇上了闹心事儿,德昌厚的库房发生了盗窃事件。于掌柜害怕再发生盗窃的事情,就派老实本分的张秉贵晚上在库房里睡觉。库房很小,没有空地,更没有床,张秉贵只能在油桶上铺一点纸,再铺上自己的被褥。白天干一天焊接和分装汽油、煤油的活儿,晚上睡在盛满油的库房,汽油、煤油混合的味道,太难闻了,以前还能躲避一会儿,现在白天晚上都躲避不开这讨厌的味道,他十分无奈,又不敢提出来。更让他苦恼的是,库房是严禁烟火的,冬天天气寒冷的时候，气温在零下十几摄氏度，他的被褥又特别单薄，所以经常在睡梦中被冻醒，一年多下来，他的腿落下了老寒腿的毛病，时常酸麻疼痛，反复发作。

他最愿意干的活儿，反倒是外出送油，送油并不轻松，但总算可以远离刺鼻的汽油和煤油的味道。德昌厚的大主顾，是一些大老板们，需要油的时候，都是打电话过来或规定好日期，让店里的伙计送货上门。送货有专门的自行车，也能多带一些油，可是张秉贵不会骑车，送油只好肩扛手提。所以，平时会骑车的师兄们送较远的地方，张秉贵送近一点的地方。

一次，一家较远的洗染店要一桶汽油，师兄们都不在，于掌柜就让张秉贵送过去。从德昌厚到洗染店有一里半路，张秉贵扛着走一段后，再抱着走一段，尽管油桶很重，因为要货比较急，张秉贵不敢耽搁，好不容易送到了，见到洗染店老板放下油桶后，张秉贵赶紧道歉，说送来晚了，请老板谅解。老板没有计较，也没有多说话，只让他把油桶抱到后院。张秉贵刚喘了一口气，又抱起油桶。突然，老板让张秉贵将油桶放下，原来张秉贵放油桶的地方有一个油印。老板就问张秉贵："怎么能把漏油的桶送过来？"张秉贵仔细看了看，原来焊接的地方没有弄结实，但只是有点儿洇油，并没有漏，他连忙赔着笑脸说："油分量肯定没有问题，下次再送的时候，一定找个最满的送来。"洗染店老板看到张秉贵态度比较好，又让过了秤，秤虽低一点儿，但还没有差太多，也就勉强收下了。

张秉贵回去后，下决心学骑自行车，他觉得不会骑自行车，太耽误事儿了。可是学骑自行车只能在晚上,在于掌柜和王雨田睡着后偷偷学,让师兄们帮忙教。刚学会骑的时候,那家洗染店又要汽油,张秉贵主动要求送去。他挑了一桶分量足的,自己过了一下秤,心中有数后,送去了。洗染店老板恰巧也在,过完秤,老板一看分量确实很足。老板很满意地对张秉贵说:"小伙子挺实在,也讲信用,像个学买卖的样子!"

遇上挑剔的主顾,要千方百计解释、赔不是,目的只有一个,就是把油卖出去,钱收回来。但是,很多时候别说收回钱,连性命都会受到威胁,张秉贵就遇到过一次。

那天他刚睡下,就听到一阵急促的敲门声,打开门一看,是两个日本兵要汽油。张秉贵扛着一桶油,拿上漏斗跟着日本兵。一直走到一辆停在路边的汽车前,日本兵抢过油桶和漏斗,他们没耐心打开油桶盖,随手用汽车的摇把在桶上戳了个窟窿,提起油桶往车里加油。加完油后,张秉贵向日本兵要钱,日本兵把油桶扔到车上,只把漏斗扔下来,返身上车,关上了车门。张秉贵追过去,刚一拍车门,就见日本兵把眼一瞪,骂了几句话,发动汽车一溜烟跑了。

张秉贵没有办法,只能回去。大伙见到他只拿了一个漏斗回来,就知道事情不妙。有人问:"给钱了没有?"张秉贵气愤地说:"简直是强盗,抢了油还骂人!"

一年下来,张秉贵勤勤恳恳干活,留住了很多顾客,师兄弟们也对他评价很高,他自己也学到了不少东西。年底,于掌柜许诺给他3块大洋,春节过后,他向会计支钱想买一件长衫,会计一翻账本说:"去年你丢了一桶油,连油带桶是5块2角5分,用这3块钱抵上,还欠柜上2块多。"

张秉贵听了,十分无奈,他又一次领教了于掌柜的狠心,几年下来,别说挣钱养家、贴补家用,他反倒欠下了店里的钱,真是没有地方说理、诉苦。

## 兵荒马乱，生意更加难做

1937年7月7日，卢沟桥的枪声打破了北平的安宁，日本开始全面侵华，抗日战争爆发了。不久，北平沦陷，日本侵略军在全城耀武扬威，大街上也贴出用日本的昭和年号发出的布告和声明，字里行间充满谎言和恫吓。

德昌厚的顾客在店堂里纷纷议论时局，于掌柜一反常态，不再劝阻，而是细心倾听。因为战争的原因，所有商店的生意都不好，德昌厚的生意也几乎没有了。日本侵略者统治了汽油买卖，德昌厚只卖煤油，盈利很少。在这种情况下，于掌柜决定不再卖油，而是把库房打开，购置了当时在北平少见的冰棍机和制作冰激凌的设备，并划出部分店堂，添设桌椅供应冷热饮料，加上原来就有的一些买卖，德昌厚彻底改成了食品店。张秉贵又不得不开始新的学徒生涯，新的生意，原来没有接触过，需要从头学起。

添上冰棍机以后，德昌厚聘请了制作冷食的师傅，于掌柜派张秉贵去打下手。张秉贵用心学习，很快就掌握了制作冰棍和冰激凌的技术，并学会了制作刨冰。夏天，卖小豆刨冰，煮小豆和熬各种果味糖汁是最苦的差事，张秉贵被派进了厨房，烟熏火燎，热气腾腾，他只能光着膀子，扎着围裙，即使这样依然汗流浃背。天气越热，生意越好，张秉贵在炉边的时间也就越长，一站几个小时是常有的事情。

后来张秉贵被安排去看桌，冷饮生意十分兴隆。不久，张秉贵从制作到销售都成了内行，对利润多少更是清清楚楚。他虽然在帮着于掌柜做生意，但贫苦出身的他有着强烈的爱国心和同情心，在兵荒马乱的时候，爱国心愈加显得强烈。

德昌厚改成食品店以后，老顾客少了，胡同里的那些买零碎日用品和打煤油的住户都不来了，从前天天来打煤油的拉车人也不登门了。张秉贵却十分想念他们，关心他们的命运，因为他和那些穷苦的顾客很有感情，并且同病相怜。偶尔有家庭妇女来给孩子们买点糖果，顺便说句话，也不过是"这年头……"，便摇头叹气，说不下去。是呀，在外国人的统治下当亡国奴，滋味怎能好受呢？张秉贵想安慰几句，却又说不出什么来，只好说："熬着吧，总会好起来的。"话虽这么说，他自己却也不知道，坏日子何时会结束，好日子在哪里，谁又能说得清呢？有时候熟悉的顾客来店里坐坐，也多是沉默相对，满怀家国仇恨，又不知从何说起，不知道能做些什么？

张秉贵天天看到拉洋车的车夫挨打受辱，遭日本人打骂，投靠日本人的那些警察、假洋鬼子也作威作福，他们坐车时常不给钱，有的甚至抢车垫子，稍有不顺心，就对车夫拳打脚踢。特别是喝醉了的日本兵，要车夫拉着去找"花姑娘"，坐在车上，总嫌车夫速度慢，除了嘴里哇哇大叫，有的甚至拿皮带或者刀鞘打拉车人的后背，拉车人只有逆来顺受，不敢有半点反抗。累死累活半天拿不到钱，也毫无办法。张秉贵就亲眼看到自己熟识的一个拉洋车的车夫，可能是有病或身体不舒服，拉着日本兵摇摇晃晃地走过门前，在不远处倒下了。日本兵嘴里呵斥着，下车后看到车夫已经死了，竟用马靴狠踏几脚，然后扬长而去。路人不敢管，报警后，警察过来也只是把洋车拉到路边，找了个草帘子把尸体盖上。

目睹了这一切的张秉贵推门出去，想替拉洋车的死去的车夫说句话，却被王雨田厉声喝住，只好退回店里。但这幕惨景深深印在张秉贵的脑海里，一闭眼就会浮现出来，亡国之民不如丧家犬，他的体会也越来越深刻。

令人兴奋的消息，也偶然传来。

1938年3月28日下午，从东单方向传来一阵清脆的枪声。接着，这一带立即戒严，满街日本兵和警察，显得惊慌失措。人们不知道发生了什么事情，于掌柜也从后柜跑到前面店堂来，却不敢迈出店门一步。店堂里没有顾客，也不敢提前关门。

第二天，戒严解除了，警察局贴出告示，悬赏一万元，要捉拿枪杀日本顾问的"凶手"，随即在全城展开大搜捕。

原来，当时有一个抗日暗杀团，他们得到准确情报，知道日本人和汉奸们在一个铁路招待所举行"华北临时联合政府"成立筹备会议,便分别潜伏在附近街头,敌人进入射程后,他们纷纷开枪,乱枪中,日本顾问山本荣治被打成重伤,送到医院后不治身亡。

这是一件振奋人心的壮举,大大鼓舞了抗日军民的士气。于掌柜平日口头上总挂着"莫谈国事"这句话,只求发财,从不允许店员们涉及政治,但日本人的告示一出来,于掌柜便声称有病,不到店里来了,德昌厚的店员们深感意外,他们认为这并不是他们了解的于掌柜。

于掌柜爱财如命,别看他将日常的事务托付给了店堂负责的王雨田,可他从未真正放心过。有时候晚上说是回了家却并不走远,往往站在对面街头暗中观察店内的动静。有一天晚上,于掌柜回家后,几位店员每人拿出一支新增加的奶油冰棍,想尝尝味道。冰棍还没吃完,于掌柜突然出现在店里。他装作没有看见,自言自语地说:"半路上突然想起来,忘了点东西,又跑回来一趟。"但彼此都很明白,只是心照不宣,通过这件事,店员们又一次领略了于掌柜的狡诈。

可是这一次,于掌柜真的一个多月没有露面。原来贴出的告示中,有"拿麻子"字样,据说要找脸上有麻子的,于掌柜脸上就有几颗"麻子",担心被抓去,只好躲回家里。直到警察局的通缉令解除后,他才敢露面。

虽说于掌柜不在店,冷饮生意却仍然十分兴隆。张秉贵算了一笔账,照这样的经营状况,德昌厚添置冰棍机的投资,一个夏季就能全部赚回来。

但是，吃冰棍这样的事情和老百姓是没有什么关系的，谁有那个闲钱呢？例外也有，一天晚上，一位从前常来打灯油的拉车人，带着激动的心情找张秉贵买了两支冰棍，这是罕见的事情。他悄悄告诉张秉贵一件令人快意的事情：有个日本醉鬼逼拉车的去找"花姑娘"，车夫把醉鬼拉到东单广场，趁着天黑，将醉鬼头朝下扔到一个壕沟里。这位车夫对张秉贵说："听到这样的好消息，我要替那位车夫庆贺庆贺。"张秉贵看得出来，车夫讲到的拉车人就是他自己，张秉贵没有说破，但从心里对这种行为感到敬佩，连声说："应该！应该！"

一转眼，张秉贵学徒满师又两年了，他已经24岁了，母亲、哥嫂开始给他忙活婚姻大事。

经过相亲，双方都满意，婚礼定在1942年的腊月，德昌厚的于掌柜极不情愿地准了张秉贵三天假期。婚事一切从简，却充满情趣。张秉贵和爱人素不相识，只是从嫂子的传话中产生了爱慕之情。新婚的张秉贵夫妇，充满了幸福感，遗憾的是于掌柜给的假期太短，三天的相聚后，两人依依惜别。

张秉贵回到店里的时候，正赶上春节前售货的旺季，极度的紧张和疲劳，使他顾不上想家。

在忙忙碌碌中，春节很快就过去了，看着别人家都团团圆圆，张秉贵也渴望回家和家人团聚，尤其是新婚的妻子，但他知道，越是假期，他们的生意越好，于掌柜是不会同意让成为主力的他回去的。元宵节过后，德昌厚的生意冷淡了下来。这时候于掌柜准了张秉贵三天假,回家"拜新年"。"拜新年"是中国北方的一种风俗,新婚之后的第一个春节,新女婿必须和妻子一同到岳父家拜年。张秉贵的岳父岳母对这个新女婿十分满意,秉贵的妻子贤淑温柔、心灵手巧、善解人意,白天操持家务,晚上在煤油灯下刺绣做戏衣,挣钱补贴家用,张秉贵的母亲也很喜欢这个儿媳。

甜蜜的时光总是过得很快,张秉贵又要和妻子分开了。他知道于掌柜的苛刻,这一次假期后,一年中就不可能再有假期了。于掌柜才不管你是不是新婚,他只考虑自己的生意,每天处心积虑的就是想怎样让学徒们,这些挣钱机器充分运转,给他挣到更多的钱。张秉贵于是和妻子约定,明年再度相会。可是他俩都没有料到,再一次的相会是那么漫长。

张秉贵回到德昌厚,一如既往地努力干活。这一年,柜上增加了元宵买卖,聪明好学的张秉贵又学会了打元宵,冬天是冷饮淡季,于掌柜便在茶座上供应自制的元宵,现煮现卖,一冬天生意很好。张秉贵是打元宵、卖元宵的主力,也就忙个不停,正月十五是生意最好的一天,这天张秉贵更是不辞辛苦,拼命干活,原想节后生意冷淡时于掌柜会安排他探亲的,自己努力干也是为了得到掌柜的认可,不料忙完元宵节后,顾客依然很多,生意还是很好。师兄弟们都替他着急,师兄根据经验告诉张秉贵:掌柜的绝对不会主动提出让你探亲的,想回家就要自己找于掌柜去请假。

德昌厚有店规:伙计每年回家一次,住半个月。张秉贵探亲,应该是顺理成章的事情,他工作卖力,给于掌柜挣了不少钱,按理说掌柜的也应该对他的工作比较满意，可是张秉贵还是没有太大的把握。根据他对掌柜的了解，他认为请假并不是一件容易的事情。他几次想找于掌柜，又怕赶上掌柜的不高兴。一天，一位师弟告诉他，掌柜的刚睡醒，正在喝茶，看上去心情不错。张秉贵鼓足勇气走进柜房。

于掌柜见张秉贵进来，漫不经心地问："有事吗？"

"灯节过了，我想告假回趟家。"张秉贵没有说多余的话，开门见山地说出了自己的想法。他想，这是正当的，自己都一年没有回家了。

"回家干什么？"于掌柜的话毫无道理地说出来。

张秉贵知道事情不妙，掌柜的装糊涂，这就没有准假的可能了，他没有说话。

"灯节过了，元宵就不卖啦？你不知道现在柜上忙吗？"于掌柜有些恼火地说。

张秉贵一年没回家，掌柜的再清楚不过了，但于掌柜还是强词夺理地说："一年让你们回趟家，那得看忙不忙，不能说走就走。你把事儿撂下，谁顶着？"

张秉贵还想说话，于掌柜把手一挥："你先忙去，以后再说吧！"

好一个"以后再说"，这一再说，就如石沉大海，没有了消息，家里捎信来催他回去，他只能压下。师兄弟们都替他抱不平，纷纷说于掌柜缺德，不过也只能在私下说说，发发牢骚，谁也不敢和掌柜的去理论。张秉贵太无奈了，尽管店铺距离家只有十几里的路程，但为了饭碗却不得不忍受两地相思之苦，不得不屈服于掌柜毫无道理的决定。直到这年秋天，于掌柜才允许张秉贵回家，距离上次回家，已经快两年了。

日本的侵略战争进入了相持阶段。战局越紧张，敌人越疯狂；生意越萧条，掌柜越暴躁。而店员们的处境，也越发艰难。

东单一带，本是繁华的地方，但在战争的侵扰下，早已失去往日的热闹。天一黑，街上几乎没有人了，哪里还有什么顾客，德昌厚的生意也仅仅是能够维持。但于掌柜对这样的局面并不甘心，他经过考察，最后决定利用店铺靠近两个电影院的便利，增加了糖炒栗子。

寒冬，德昌厚的栗子必须在下午炒出来。为了保温，栗子箱上盖着厚厚的棉被，所以箱子里的栗子一晚上都是热的。售货的店员们，就没有栗子那样的福气，没有厚厚的棉被可盖，没有保暖的棉衣可穿，他们只能身穿单薄的衣服，在寒风中被冻得瑟瑟发抖，唯一抗寒的办法是不断地原地踏步，用自身创造的热量来抵御风寒。不论什么时候，见到顾客，都要笑脸相迎。而这样的情形，持续的时间还很长，因为于掌柜规定，必须等到电影散场后，人走光了，才准许收摊，这时候往往是深夜12点以后了。

这份苦差事，大多数时候由管炒栗子的一位师傅和张秉贵两人来做。他们都很"护柜"。遇到不给钱的警察、特务之类，他们会想尽一切办法，和他们周旋，力求少一些损失。一个人苦着脸哀求，不给钱不好向掌柜交代，另一个还要装笑脸，说好听的话、恭维的话，能抠出一点是一点。

即便这样，还是会遇到一些不讲道理的人和事。有一天晚上 11 点多钟，从北面开来两辆军用卡车，停在栗子铺前。车上跳下六个带枪的日本人，有的还挎着指挥刀。他们一见到栗子，就走上前，掀开箱子上的棉被，伸手就抓。张秉贵和另一个看柜的上前阻拦，一个日本兵竟抽出刀来威胁。其他几个日本兵，一边高声谩骂，一边抢栗子，抢得差不多了，日本兵开起车子跑了。

王雨田在店里听到了争执，等日本人走了之后，才拉开店门，同几个店员一起出来，七手八脚把摊子收了。王雨田听到了整个事情，但对两位受惊的店员连句安慰的话都没有说，只是问被抢走了多少栗子，然后叹息着说："柜上买卖不好，就仗着卖栗子赚点钱，照这样下去，栗子也快卖不成了！"

一个店员气愤地说："这哪儿是卖栗子，简直是卖命！"

另一位也帮腔说："这年头，命不值钱，栗子值钱。你知道吗？"

张秉贵没有说什么，他联想到自己了解到的一些情况，心想：日本兵大概是战场上频频失利，来这里撒气，连伪装都不要了，看来，他们的日子才是真正不好过了。

果然，在 1945 年 8 月 15 日，收音机里传来日本无条件投降的消息。人们奔走相告："我们胜利了！"

市面活跃起来，商品供应也丰富了，物价下降，人们兴高采烈，京城散发着活力。德昌厚的店员们高高兴兴地打扫着门面，大家有说有笑。店堂里的沉闷气氛开始有了转变，于掌柜的脾气也变得温和起来，并且关照厨房改善伙食，比往常的过年还多几分喜气。

但是，他们想象的好日子并没有来临。国民党政府的腐败与反动日益暴露出来。军警、特务横行，逮捕、殴打、杀害进步人士的事件层出不穷。德昌厚虽然重申"莫谈国事"的铺规，但店员们仍然天天私底下议论着各自听来的消息，他们知道了《双十协定》，知道了国民党发动内战的事情。

1948年春节，对于德昌厚来说，最为黯淡，连春联也没有贴。严酷的现实使于掌柜也不相信说几句吉利话就能发财了。春节休假五天，谁也没有往年的兴致，而且谁也不指望"说官话"会得到馈赠。因为工钱已折合成小米，按月支付。张秉贵在这里干了12年，每个月却只能拿到90斤小米，报酬少得可怜，却还要养家糊口。即便这样，米价还是涨得飞快，于掌柜也老是觉得不合算。

物价飞涨，出现一天一涨甚至一天几涨的情况，在饭店吃一碗面，早几分钟和晚几分钟，价格就会不一样，一碗面没有吃完，再要一碗也会涨价，这么滑稽的事情，从前是没有过的。但国民党印刷钞票的速度更快，万元大钞后，十万元大钞也发行了。不久，十万元也买不到什么东西了，不少商店干脆关门了事。

于掌柜忧心忡忡，眼看着卖出去的货补不进来，账面上的金额迅速增大，货架上的商品迅速减少，不能不感到惊慌。他没有囤积居奇追求暴利的能力，也不敢买空卖空去投机冒险，只求不要在物价疯长的惊涛骇浪里翻船，就谢天谢地了。

入冬后，解放军的大军兵临城下，国民党军队如同惊弓之鸟。德昌厚的冷饮座由13张桌减到7张，再减到5张，还是无人光顾。

于掌柜在柜房里坐不住了,他心神不安,常拉住熟识的顾客在冷饮座上聊天,既是为了缓解店堂里冷冷清清的气氛,也为了打听点外面的动静。

## 解放后加入工会

1949年2月3日,是古都北平扬眉吐气的日子。这天,中国人民解放军举行盛大的入城式,人们第一次呼吸到解放的空气。

德昌厚的几位店员不约而同地早早来到门前打扫便道,人人脸上洋溢着喜气,于掌柜也拿着笤帚来扫地了。

师弟问张秉贵:"于掌柜也欢迎解放军?"

张秉贵一时没有答上来,进店12年,第一次看见于掌柜扫地,他们谁也不清楚这里面到底有什么名堂。

再看周围,他们发现,早起的不光是他们德昌厚的店员,街上的气氛与往日已经完全不同了。上午,一支支秧歌队打着欢快的锣鼓,踏着矫健的舞步,前往永定门外欢迎解放军,每支秧歌队都吸引着一大群人跟着向南走去。

街头的人群不断增加,忽然欢呼声大了起来,人们涌向路边,迅速形成两道人墙。

军乐队过去了。装甲车和摩托化步兵开过一辆又一辆，男女老少，各行各业的人们，不断截住车子和战士们握手。

店堂里没有顾客，张秉贵和他的师兄弟们先是贴在玻璃窗上张望，人越来越多，他们只能看见背影。于是，一个个冲出店门，挤进人群中去了。

张秉贵从来没有见过这么盛大的场面，也从来没有过如此强烈的激动，队伍过完了，他仍然站在街头出神。还是师弟拉了他一把，才一同回到店里。于掌柜的脸拉得老长，因为他没有想到店员们竟然敢跑到门外去看热闹，完全无视店规，但是他还是忍住没有发脾气，见大家一边笑一边陆续回店，才恶声恶气地说了声："行啦！行啦！都干活去！"

说干活，其实没有多少活可干。这些天，几乎没什么顾客。从前的阔人们，穿起了以前从来没有穿过的布衣服；有的大户人家，以前一直是保姆、管家、仆人们来买东西，现在大多数的家庭也都把仆人辞退了，主妇亲自上街。高档食品几乎无人问津，冷饮座上更是少有人光顾。

见证了中国人民解放军盛大的入城式，不久，张秉贵又参加了开国大典大游行。

1949年10月1日这天，天安门前成了人的海洋、红旗的海洋、歌声和口号的海洋。

毛泽东主席宣布"中国人民站起来了"的声音和千百万人的声音融合在一起，"中华人民共和国万岁""中国共产党万岁"的欢呼声响彻云霄。当五星红旗冉冉升起的时候，不少人激动得流下眼泪，张秉贵走在欢庆的人群中，心潮起伏，他手持小旗的旗杆被汗水浸湿了，嗓子也喊哑了。

他知道自己为什么会那样激动，这个时刻他们等待得太久了，旧社会的苦难，做亡国奴的滋味，受压迫、被压榨的日子，他的体会太深太深了。

1950年，张秉贵报名参加了工会，还担任了北京市东城区工会第三组联合委员会委员。当时，张秉贵他们的任务就是发展工会会员，可是工作进展并不顺利，有些人不敢参加工会，怕老板知道了会砸掉饭碗，而且很多人根本不了解工会是什么样的组织，到底是干什么的？

工会会员的发展很不平衡，还有许多店员没有加入工会，这样的进度显然不行，张秉贵等工会会员们都很着急。他们四处奔走，积极宣传，告诉大家工会是工人自己的组织，是在共产党领导下的和资本家进行斗争的组织，有了工会，受压迫的人就有了靠山。当时，他还不懂得更多的道理，后来工会及时组织他们学习了一些理论，张秉贵很快成熟起来了。

加入工会后的张秉贵，积极参加各项社会活动，他的接触面广了，眼界也开阔了。

1950年下半年，张秉贵被选为北京市东城区百货业工会的组织委员，积极开展发展会员的工作。

张秉贵和另外两位工会会员为一个小组，活跃在东单南北的一些商店里。这时，他们才发现"栏柜"的另外一个含义，他们常常被拦在"柜"外。很多时候是老板不欢迎他们，有时对他们很冷漠甚至敌对的竟然是和他一样的店员们，张秉贵不怕困难，要争取更多的同志看到栏柜外面的天地，要知道外面的世界很精彩。

一次，张秉贵一行三人，到天盛长纽扣店。他们事先了解过情况，确定了发展成为工会会员的对象，同时了解到那家商店的掌柜对店员管理很严格。果然，他们一进店门，就碰上那个掌柜神情阴郁地坐在柜台前，一听是工会来人，掌柜的脸色更加严峻。对着张秉贵他们说："你们有什么事情？对我说吧！"

张秉贵说："工会和工人谈，我们找张洪喜。"

掌柜的冷冷地回答："不在！"

张秉贵紧接着说："找别人也行，只要是工人。"正说着，张洪喜提着开水壶从后柜走出来。那个掌柜很尴尬。不得不改口说："你没有去送货？工会有人找你。"

张洪喜是小徒弟，从来都是看掌柜的眼色行事，他并不认识张秉贵，不敢表示欢迎。突然见到几个人找自己，也不知道有什么事情，再看掌柜的神态，似乎很不友好，一时间没有反应过来，只是愣在那里，支支吾吾，找不到合适的话说。张秉贵察言观色，感觉在店里说话不方便，就对张洪喜说："今天晚上8点，工会第3组联会在泰东布店开会，区工会派人来，请你准时参加。"

张秉贵还对掌柜说："工商联向你们宣传过《工会法》。我代表工会通知你：我们要发展店员入会。"

晚上，张洪喜准时来到泰东布店，几家还没有发展会员商店的店员代表也都按时到达。会上,工会负责人宣讲了《工会法》,发动他们入会,张洪喜没有表态,说回去商量商量。散会后,张秉贵留下他,亲切地讲述了自己参加工会以来的体会,张洪喜打消了顾虑,他说:"谁不想加入工会?只是不敢得罪掌柜。你最好先发动我们大师兄,只要他带头入会,掌柜就拦不住了。"

张秉贵接受了他的建议,并且取得了新的经验。在争取张洪喜的大师兄入会后,其他几名店员也踊跃加入工会组织,看到这种情形,再加上宣传力度的加大,几家比较顽固的商店也被突破了,店员们纷纷加入工会。

经过努力,工会会员迅速增加,工作开展也越来越顺利了。

当时,政府提倡新商业道德,实行明码标价,要求做到"货真价实态度好,秤平斗满尺码足"。工会发动店员对资本家实行有效的监督。张秉贵不仅关心德昌厚的工作,而且还关心各店的情况,他觉得座座柜台连在一起,店员们已经形成了一种力量。这年10月,张秉贵还参加了北京市总工会店员工会召开的积极分子大会。

张秉贵参加工会组织,活动很多、收获很大,他牢牢记住两条:一是坚决维护党和国家的利益;二是坚决维护消费者的利益。

参加工会使张秉贵很快成熟起来,他个人受益的还不仅仅是这些,他的命运也因之而改变。

## 成为百货大楼一员

1955年，是张秉贵生活实现重大转折的一年。这一年他告别了自己做了近20年售货员的德昌厚，走上了新的工作岗位——北京市百货大楼，成为一名售货员，使他的人生更加瑰丽多彩。

1954年5月，破土动工的北京市百货大楼，是北京最大的百货商店，能够成为这里的一员，是张秉贵的心愿。听说招工的消息后，他就马上去报名。当时的程序是需要工会推荐，他就多次找工会干部，提出自己的请求。

1955年8月23日，张秉贵接到去百货公司考试的通知。考试分为售货技术和政治常识，同时还做了体检。对于这些考试内容，张秉贵是满怀信心的，但是考试过后很长时间，都没有任何消息，他多次到工会了解情况，工会值班人员说没有收到张秉贵的录用通知。

9月25日，百货大楼开业了，张秉贵还是没有等到通知，他灰心了，连到工会打听的勇气也没有了。他偷偷到百货大楼去过几次，看到那里的优美环境，见到售货员统一的工作服、统一的服务证，他都非常羡慕，穿上这衣服、戴上这证件，是多么端庄、多么神圣！同时，他也有一丝失望，有一些不服气，凭技术、凭政治常识、凭自己的体格，他怎么就不能成为这里的一员呢？他有些迷茫。

终于，好消息还是来了，在百货大楼开业的两个月零四天后，就是11月29日，这是他一生难忘的日子。这天，他等到了录取通知。在与工会干部谈话的过程中他了解到，这个好消息之所以迟迟到来的原因，是他的年龄太大了。百货大楼招收的售货员，年龄大都在25岁以下，36岁的张秉贵，年龄相差太多了。后来，领导从各方面考虑，认为应当吸收一些年岁较大、经验丰富、精通业务的人作为骨干，这样他才被录用。

到百货大楼报到后，张秉贵被分配到食品部。部主任带领他到糖果、蜜饯、罐头、烟酒、茶叶等各个柜组，同正在班上的售货员们打了招呼，最后到的是糕点组，部主任将张秉贵介绍给组长李禄。糕点组是他的新岗位，在食品部办公室，李禄组长把工作服和服务证交给张秉贵，张秉贵心情激动，他毕恭毕敬地接过来，听着组长的话："从现在起，你就是咱们百货大楼的一员。售货是你的老本行，你是老同志，希望能在这里发挥你的所长。"张秉贵被这番话说得热乎乎的，连连答应。

两人交谈一番后，组长把他带到总务科，为他安排了宿舍。

兴奋的张秉贵，真想立刻把这喜讯告诉他的妻子，让一家人都来分享自己的快乐。

张秉贵是怎样回到家的，他已经不记得了，像多年前从德昌厚老板于掌柜那里第一次出来一样兴奋，他太想把这好消息告诉自己的家人了，那次是自己的母亲，这次是妻子。但他知道这兴奋中还是有差别的，那一次尽管也是看到生活的希望，但希望是渺茫的。这次是经历过许多风风雨雨之后，自己梦寐以求的一个选择。两次都在憧憬未来，那一次带来的并非天堂，这一次，他感到幸福是那样贴实，已经36岁的他，已经饱经风霜的他，深知这次改变对自己的重大意义。

妻子听了张秉贵的讲述，也非常高兴，她是理解丈夫的，知道丈夫的志向，旧社会的苦难，掌柜的狠心，她都很清楚，现在能成为首都最大百货大楼的工作人员，以前连想都不敢想，她兴奋地对正在玩耍的5岁的儿子说："你爸爸进了国营商店，8小时工作制，以后就可以天天回来看你了。"

儿子听了很高兴，张秉贵却对儿子说："爸爸每星期回来看你好不好！"

儿子仍是很高兴，他并不知道每天和每星期的区别，看到爸爸妈妈都很高兴，只顾玩自己的。

妻子听了后一愣，问张秉贵："百货大楼也不让每天回家？"

张秉贵忙解释道："不是的，百货大楼的职工宿舍也并不多，大多数人还是回家住的，也没有人要求我在单位住。我考虑，这里的售货员年龄都在25岁左右，我的岁数比人家大很多，领导让我到这里，看重的也是我有经验，想让我成为骨干起带头作用，我虽然在这个行当年头不短，但工作性质不一样，顾客要求高了，工作的标准也和以前不一样，我想将业余时间利用起来，一天当两天用，工作8小时，学习8小时，也许能跟得上，你说是不是？"

妻子听了，点点头。她太了解丈夫了，他是个不甘落后的人，到了新的环境，干自己喜欢的工作，这热情、这决心她是知道的。当天下午，张秉贵把行李从德昌厚搬到百货大楼的宿舍。

在德昌厚，他向于掌柜、王掌柜辞去工作，会计也结清了账目。张秉贵办完手续，和大家畅谈起来，有人表示祝贺，有人表示羡慕，也有人感到惊讶，请他讲一讲是怎么"一步登天"的。张秉贵讲述了自己参加工会，以及工会推荐他到百货大楼应试的全部过程，讲述了参加夜校学习的好处，他鼓励大家努力学习政治和文化。大家依依惜别，张秉贵看着自己工作过、住过近20年的店堂，心潮翻滚。他怎能忘记街灯下昏暗的岁月？怎能忘记在这里受尽煎熬，甚至失去饭碗、失去生命的师兄弟们？怎能忘记中华人民共和国成立以来自己的成长道路？这些都将成为他前进的基础和动力，他对未来充满信心。

在百货大楼他有了固定的铺位，再不用每天搭铺了。他简单安排后，就迫不及待地到百货大楼去了。他认真观察，仔细揣摩，直到下班的铃声响起。

第二天，他早早起来，穿着洁白的工作服，准时站在糕点组柜台里。他不时抚摸自己胸前的圆形证章"京百—2765"，这是北京市百货公司统一的号码，从现在起，他成了国营商店的工作人员了。

快乐的迎宾曲响了起来，随着清脆的铃声，百货大楼五道大门同时打开，顾客潮水般涌进来，张秉贵在百货大楼的第一个工作日开始了。

新来的人员自然会引起更多的关注，张秉贵给人的印象是谦恭和蔼，人们自然产生一种愿意接近他的心情，有人甚至说他和杜凤珍差不多。

杜凤珍是谁？人们怎么会将他和杜凤珍相比较？张秉贵期望尽快解开这个谜团。

## "人家是党员"的触动

张秉贵到百货大楼不久，人们就把他和杜凤珍相提并论。杜凤珍是北京市商业系统正在学习的一位模范，她曾在百货公司长安街门市部当售货员，后调到百货大楼，就在二楼的针织部柜台。杜凤珍的服务精神，被概括为两句话"百拿不厌，百问不烦"。

按说榜样就在身边，学习起来方便，而北京市商业系统，也正掀起学习高潮。但对于"百拿不厌，百问不烦"很多人还是有看法的，主要意见归结起来有两类：一类认为"百拿不厌"是技术不精，业务不熟练，应该是一拿就准；对于"百问不烦"，一些人认为是低声下气，有损尊严，他们认为今天的售货员就相当于旧社会的学徒，本身的地位就不高，再没有自己的尊严，会更让人看不起，而且一味迎合顾客，一些本就刁钻的顾客势必更难伺候。

有人就问张秉贵,对于这个问题怎样看。张秉贵说,自己刚来,并不了解情况,不好作出评价。这个回答让问话的人有点失望。但是不久之后,张秉贵就对这个问题作出了深刻的回答。

那是在糕点组讨论学先进的小组会上的一次发言,这是经过张秉贵深思熟虑的结果。在此之前,他参加过一次专门为新职工召开的学习会,带着自己的思考,张秉贵认真听取了杜凤珍的经验介绍,加上他平时反复观察过杜凤珍售货时的情况,他已经有了深刻的认识。他并没有针对同事们当中的两种意见作出回答,而是阐述了自己的思考。

他说:"听了杜凤珍同志的经验,我有三点体会,第一点是要明确服务的对象和目的。以前我在私营商店工作,一向认为众口难调,一人难称百人意。但杜凤珍能做到使每位顾客都高兴而来,满意而去,是什么原因呢?私营商店把顾客当财神爷,因为他开店就是为了赚钱,商品缺斤短两,质量也没有保证,所以即使低声下气,顾客也不可能都满意。社会主义商店的宗旨是为人民服务,不存在低三下四的问题。如果顾客不满意,就不能算是尽到了自己的责任。第二点体会是'百拿不厌,百问不烦'并不是被动的,这个口号的实质同样是让每个顾客满意。百,不过是多的意思。它表达了售货员的气魄和高标准,没有很高的能力是做不到的。我站了20年柜台,也没有碰到过百问的顾客,因为买卖双方都没有那么多时间。杜凤珍体会顾客心理,根据顾客特点介绍商品,正是为了缩短顾客的购买时间。我觉得关键是要不断提高服务本领。如果答复的语言不恰当或者拿出的商品不对路,我们不厌烦，顾客也会厌烦的。第三点体会是成长道路。杜凤珍参加工作才两年的时间，就能达到这样高的水平和境界，我的工龄几乎是她的10倍，成绩却不如她，主要是因为成长环境不同，她是在新中国成长的。而现在，我们条件都一样，我要珍惜这个机会，把以前在私营商店浪费的时间夺回来！我有决心学好杜凤珍的经验，有信心达到她的水平——让每个顾客都满意。"

张秉贵的发言诚挚、朴实，条理清楚，结合实际，也对自己提出了要求，大家听完后都非常佩服，对于以前的那些争论，尽管没有专门针对着说，但那些说法已经不攻自破了，同事们对这位新来的老职工刮目相看了。

在新的工作环境中，张秉贵心情舒畅，他继续发扬自己热情、朴实的作风，认真对待顾客，很快就受到了好评。

在每周一次的讲评会上，柜台组组长宣读了一条顾客书面意见，称赞2765号售货员体察顾客需求，给顾客带来愉快。顾客写道：我正在养病，胃口不好，想买点糕点吃，又嫌过于甜腻，正在柜台前犹豫不决。2765号售货员好像看出了我有心事，问明情况后，给我提出了建议，我买到了可口的苏式点心。因此，写信致意，希望领导给予表扬。

读完这条顾客意见，组长说："张秉贵同志刚到我们组就给组里争了光，大家应该向他学习。"售货员受到顾客表扬，不是什么稀奇的事情，大家的反应比较平淡，但没有想到张秉贵站起来发言了，他说："我有点儿补充。"这句话使大家一愣，不知道他要补充什么：是顾客表扬不够？还是对大家平淡的反应不满意？张秉贵没有停顿地说："我记着一条顾客没有写在意见簿上的意见。昨天，两位顾客在排队等候时的谈话，我在旁边听到了。他们指着我说：'这位同志服务态度不错，就是太慢了。'我觉得批评得很对。说实话，我以前没有接待过这么多顾客，人多的时候确实忙不过来。我接受这两位顾客的批评，今后多练基本功，把工作干得更快些。"张秉贵话音刚落，热烈的掌声就响了起来。在别人表扬自己的时候，他敢于将没有人注意到的不足坦诚地讲出来，张秉贵的举动，再次让大家刮目相看。

讲评会结束后，售货员们继续投入到工作中。张秉贵却心事重重，会上的发言，并不是一时冲动，他要找出自己的差距，不能止于受到个别顾客的表扬，他决心苦练基本功，加快售货速度。

以前在私营商店售货，包装很讲究式样，但并不注重速度。本来顾客就不是很多，即便慢一点，差一两分钟，也没人在乎，只在乎你包装的样式好看，包扎结实。有时候，为了避免"晾柜台"，还故意慢一点，让顾客多待一会儿。现在不同了，新开办的国营商场，受到群众的信任，比较充足的货源，也很受群众欢迎，大多数的柜台前，都是排队购买，糕点组前的队常常要比其他柜台前更长，速度快慢，直接反映出售货员的业务素质高低。

张秉贵决定先从包点心练起。除了在柜台上边干边练之外，下班后，他练习更加勤奋，宿舍成了练功的地方。他买了一斤硬点心和一把点心夹子，利用废包装纸练习起来。包了拆，拆了再包，自己看表计时。练了两天，包装纸换了好多张，点心弄碎了，他的速度虽说有了不小的提高，但距离他的目标还差得很远。他感觉到这种办法成本太高，就找来像点心大小的木块、瓦片代替，继续练习，越练越起劲，常常练到深夜，还不肯停止。

一开始，宿舍的同事们并不理会，想着不过是一时心血来潮，新鲜一阵儿大概就撤劲儿了。后来，看他练个没完，有的老职工就半开玩笑地问张秉贵是不是想改行，要去当杂技演员？一些年轻同事说，他的包装速度已经够快了，没有必要再练下去。对于这些话，张秉贵都是一笑而过，他有着自己的目标，他知道现在的速度远远不能让自己满意。

渐渐地，同宿舍的人也有些厌烦了，有的人在睡觉前故意问他："老张，你还再练一会儿吗？"张秉贵知道，这是在催促他睡觉。木块、瓦片的声音尽管不大，但在深夜也很刺耳，势必影响到宿舍其他人的休息，他自己也感觉这么练不妥当。于是，悄悄收拾起这些练习的工具，到院子里的一个大磨盘上，就着街上微弱的光亮继续练习。他不但练习包点心，还练装点心盒，练捆扎技术，即使在寒冷的冬夜，张秉贵也常常练到满头大汗。

功夫不负有心人，张秉贵的工作效率明显提高了，每天接待的人次增加了近一倍，受到的赞扬也越来越多。曾经对他开玩笑的人佩服了，认为没有必要的人，也主动练起了基本功。

一天，临近下班的时候，顾客不多了。他们商品部的一位同事来到柜台前，要买3斤点心，并要求装个点心盒，等着急用。张秉贵立即动手，快拿、快称、快装盒、快捆扎，同时把账算好。不料那位同事并没有接张秉贵递过来的点心盒，也没有付款的意思，只是指着手腕上的表说："行，这算一次'柜考'吧！我以前观察过你，这样的售货过程至少需要 3 分钟，现在不到一分半钟了。"说完笑着走开了。

见到这个过程的柜组其他同事，都替张秉贵感到不平，"岂有此理，哪能这么开玩笑？"张秉贵却微笑着，边解点心盒边说："他关心我的工作，应该感谢他！"

1956 年初，张秉贵被评为先进工作者。这是他走入百货大楼后，给自己定下的奋斗目标。这个目标实现了，但他并没有感到轻松，他还有一个更远的目标，就是争取加入中国共产党。因为在工作生活中，他不止一次听说过"人家是党员"这句话，每次听到这句话，都给他带来强烈的震撼。

有一次，夜里下了一场大雨，清晨上班前，人们发现地下仓库进了水，仓库的商品却已经被转移到库外，丝毫没有受到损害。张秉贵不解地说："都住在集体宿舍里，怎么没有人招呼我一声？"有人对他说："那是党员们干的，有你们糕点组的李禄，人家是党员！"

虽然下班了，但业务正忙，人手不够。同事们都走了，张秉贵想留下来帮忙，同事却说："你别跟人家比，人家是党员！"

晚上，账没结对，需要从头查，但封店的时刻到了，几个人把账本、算盘抱到办公室继续核对。他想去帮忙，他们组组长李禄说："你早点休息吧，明天是早班。"回到宿舍，他谈到这件事情，不解地说："他们也是早班呀！"同屋的人听了说："你跟人家比什么呀！人家都是党员！"

每次听到这样的话,张秉贵的心里总有种说不出的感觉。他下定决心,一定要像这些人一样,成为一名党员。他工作更积极了,并有意识地向这些党员们靠近,向他们学习。可是,随之而来的是一些流言蜚语,有人说他讨好领导,想当组长,有人说他不自量力。

一时间,张秉贵感到迷茫,难道追求进步错了吗?

他找到党小组长李禄,将自己听到的一些议论和自己的想法毫无保留地讲了出来。

李禄听他说完,点点头说:"我理解你的心情,我也正想找你谈谈'两块桃酥'的事情呢!"

## 两次"两块桃酥"事件

有次,一位顾客到张秉贵所在的柜台,要买两块桃酥,这时正有其他顾客,他们购买的商品多,张秉贵就先接待了购买多的顾客,让这位买两块桃酥的顾客等的时间长了一些。这位顾客生气地质问:"你是不是嫌我买得少,看不起我?"这件事情在柜组也引起了广泛的议论,有人说张秉贵有旧商人做派。张秉贵开始一直想不通,尽管他在小组会上作了自我批评,但他仍认为国营商店的售货员本质就是售货,只有多售货,才能多卖钱,也才能创造更大的利润,这怎么能算错呢?他想:如果再有两个人同时来购货,他还是先大后小。

主持小组会的组长李禄在会上也指出了张秉贵这种做法不正确,但还是看出张秉贵并没有完全领会同事们的批评和这种做法的错误,现在张秉贵来谈心,正好将这个问题彻底谈一谈。

张秉贵听到李禄提起"两块桃酥"的事，主动说："这些日子我一直在想这件事情，我反复问自己：为什么到百货大楼来？以前只想这里店面大、客人多、货物全，我能多卖一些东西，为社会做更多事情。现在我明白了售货的宗旨——为人民服务，我很感谢那位顾客和组里同志们的批评，如果有机会，我愿意在小组会上再次作自我批评。"

李禄听完这段话，点点头，然后说："看问题要看实质，这是不容易做到的。有人说你有旧商人作风，这是随便扣帽子，也是不对的，我已经批评他们了。但是，要善于听取不同的意见，不能要求批评的人每句话都在理，都顺耳，要从不同意见中汲取一些有益的东西。你在旧商店干了很多年，是从旧社会走过来的同志，受各种旧意识的影响，也是难以避免的。如果承认有旧意识，也承认有些时候是无意识的，你就会感觉到有些批评很可贵！"

这次谈话，使张秉贵很受益，他及时将自己的思想向组织汇报，得到了更多的帮助。1957年4月3日，张秉贵的入党申请书被支部大会通过了。他在笔记本上写下了自己的誓言：永远向前，做名副其实的先进分子！

张秉贵深知做一名党员，就应该用更高的标准要求自己；要做先进分子，就应当付出更多的努力，同时要有顽强的毅力和强大的承受力。无独有偶，他遇到的又一次考验，居然还是"两块桃酥"。

有位年轻顾客，匆匆忙忙来到糕点柜组前，对一位售货员说："我赶着上班，就买两块桃酥，请你先给拿一下，钱都准备好了，正合适。"那位售货员正在接待顾客，没有答复，这位顾客连说几遍，仍没有得到答复，便大声嚷起来。张秉贵见此情景，就主动招呼顾客："请这边来，我给你拿。"那位顾客连声道谢，买了桃酥，匆匆上班去了。那名售货员瞪了张秉贵一眼，事情也就过去了。没想到，在下午商店关门前，那位顾客下班后又来到糕点柜组的柜台前，在意见簿上写下了对"2765"号售货员的表扬，同时也写下了对另一名售货员的批评意见。班组长在班后会上宣读了这条意见，提请大家注意。

这件事情并没有很快结束，在班组引起了不小的波澜。

第二天刚上班，张秉贵一进柜台，那名售货员就怒气冲冲地对他说："我对你有意见。"张秉贵知道是昨天的"两块桃酥"让这位售货员不满，但他还是诚恳地问："什么意见？"那名售货员怒气未消，接着说："你别装糊涂，你讨好顾客捞表扬，让别人受批评，光彩吗？"张秉贵正想解释一下，忽然旁边有人接了话茬，"不踩别人，能抬高自己吗？""人家是先进……"

看来做通解释工作，并不是件容易的事情，更何况是上班时间。张秉贵只好说："我欢迎大家批评，不过不是你们说的那么一回事儿。等小组会上我们再仔细交流吧！"

张秉贵感到委屈，让顾客满意是售货员的宗旨，他的本意也是替那名售货员解难，怕顾客和售货员吵起来，影响不好。他没有想到顾客会返回来留言，更不是为了什么抬高自己，在当时的情形下，自己的处理还是妥当的，这和争先进有什么关系呢？但是误会造成了，一时还很难沟通、解释。更让他想不到的是，"打击别人抬高自己"的说法不胫而走，不少人对张秉贵产生了新的看法，对他无疑形成了很大的压力。回到宿舍，有人前来规劝："你以后别那么热情了，顾客得寸进尺，不能惯坏他们。"还有人说："你刚刚入党，如果脱离了群众，当心不能按时转正！"

张秉贵经过认真思考，认定自己做得并没有不妥，但是别人误会了，他就应该很好地沟通。当不当先进，并不重要，但群众怎么看自己这个党员，不能掉以轻心，而且正好通过这件事情，来探讨应该怎样做好服务工作。于是，他主动找那名售货员谈心，对方一见他就说："你受表扬，我挨批评，没什么好谈的。"说完，不理张秉贵，走了。

张秉贵并没有灰心，多次找这名售货员。终于两个人坐在一起有了第一次交谈。对方说："请原谅，我误会你了！"张秉贵说："我不是为了消除你对我的误会才来找你的。咱们组正在争取成为先进集体，团结才有力量。我们能开诚布公地交换意见，这是工作需要，也是给大家带个好头吧！"

误会消除了，同事关系也融洽了，流言不攻自破，但两次"两块桃酥"事件使张秉贵和他的同事们从中汲取了不少经验教训，他们对售货员岗位的认识在不断提高，正是在不断提高中，他们获得了更大的荣誉，受到更广泛的关注。而张秉贵获得的殊荣，更是他想都不敢想的。

到百货大楼工作三年之后，他和众多的劳动模范一样，登上天安门前的观礼台参加国庆节观礼，观看盛大的阅兵仪式和群众游行，接受人们的敬意。那一刻，百般滋味涌上心头，张秉贵终生难忘。

## 参加国庆节观礼的感想

　　张秉贵站在天安门前东侧的红色观礼台上,神采飞扬,心情激动。他胸前绶带上的国徽闪着金光,一排金字标着"1949—1958"。他作为北京市的劳动模范代表,第一次参加国庆节观礼。

　　礼炮响了,庄严的国歌声响了起来。观礼台上的张秉贵忍不住流下激动的泪水。他从一名没有尊严的旧社会的学徒,到今天成为劳动模范,成为一名共产党员,这是多么大的变化呀！盛大的阅兵式之后,是热情高涨的群众游行队伍,浩浩荡荡的人群高呼着口号,大踏步走过天安门前,他抬头仰望,天安门城楼上的国家领导人,正微笑着向群众招手,他几乎忘记了自己是在观礼,感觉正走在游行的队伍中。

　　张秉贵泪水模糊的眼睛又一次落在金水桥南面笔直站立的一排战士身上,他们是阅兵式的"标兵",标兵忠实地站在自己的岗位上，不论天安门广场如何沸腾，他们一个个始终坚守自己的职责。他们不正是最好的标兵吗？是的，"标兵"。"标兵"这个词进入张秉贵的生活，不过刚半年多一点儿的时间，但他无时无刻不在想着这两个字的深刻内涵。

1958年2月，北京市天桥商场提出了改进商业工作的倡议，并以优良的服务态度受到广泛的赞誉。在"学天桥，赶天桥"的热潮中，天桥商场的"五大服务标兵"成为引人注目的新闻人物。张秉贵是北京市劳模，具有丰富的柜台经验，但他没有丝毫自满，而是主动地、虚心地到天桥商场学习，精心研究天桥标兵的不同特点和优点。每周轮休回家经过天桥，他总要抽出半天或者更多的时间，在天桥商场观摩、学习。他既整体观察，也剖析每个售货动作，从仪容表情到柜台语言以及售货技巧，无不仔细揣摩。

百货大楼树立了47名标兵，张秉贵和他的第一个徒弟席满林都是标兵。张秉贵曾经问席满林："你知道什么是标兵吗？为什么要树标兵呢？标兵应该怎样当？"

席满林回答说："标兵就是榜样，树标兵就是要鼓励好好干！"

张秉贵听了，笑着说："如果不被树立为标兵，你就不好好干了吗？"

席满林一时答不上来。张秉贵说："依我看，树标兵是为了推动全面工作。你和我都是标兵，我们肩上的担子很重。"接着他向徒弟讲了自己学天桥的经验体会："天桥的标兵各有各的特点，但他们共同的作用是带动全场售货员。上级号召学天桥，天桥商场就是全国商业、服务业的标兵。咱们百货大楼是首都最大的百货商店，在这里当个名副其实的标兵，更应该时刻想到我们的一举一动，一言一行，会对推动全市乃至全国的文明经商起什么作用！"

张秉贵的这番话，让席满林连连点头。他是这样要求徒弟的，更是按照这样的高标准来严格要求自己的。

在观礼台上，张秉贵的所见所闻，更加深了他对"标兵"的理解。有位记者前来采访，请他谈谈观礼感想。张秉贵兴奋地说："我谈两点：第一，我是代表售货员来观礼的。有人说售货员低人一等，在这里我想告诉我的同行，售货员一样是受到党的重视和群众尊敬的。第二，我是百货大楼的一名服务标兵，当标兵必须始终保证一个劲儿。我们全店正在开展'为什么服务态度忽冷忽热'的大讨论，看来这个'一个劲儿'的精神太可贵了，我要把今天观礼的体会带回去。"

百货大楼开展的这个大讨论，是从3月份开始的，已经持续了半年多。讨论会上，各种各样的思想都会冒出来，每一种说法似乎都很有道理。可是，并没有令人完全满意的答案。大家都认为作为服务行业的一员，每个人都应该始终保持满腔的热情，但实际工作中，却不容易办到。一种说法是"人不是机器"，从早到晚那么多的顾客，尽管不过是三尺柜台，但售货员每天走的路总有十几里，甚至几十里，讲的话总有上千句，刚上班，或者上午，还能做得比较好，下午干累了，难免就差一些；第二种说法是"人是有情感的"，心情好的时候，对顾客就好，心情不好了，难免表现出一些来，这也是很难避免的；第三种说法是"礼尚往来",顾客客气,我就热情接待,如果顾客没好气,售货员怎能热情起来?

这些看上去似是而非的说法,单从理论上去说服,不会有太大的意义,怎么办?张秉贵一直在思考这些问题。突然间,他想起了几天前鞋帽部一名售货员说过的话。

那名售货员一连几天出现在张秉贵的柜台前,上午、中午、下午,都要在柜台前站一会儿,有时从侧面看,有时从正面看,看的频率越来越快,时间越来越长,离柜台的距离也越来越近。张秉贵一开始并没有注意到,时间长了,有所察觉,一次他主动和这名售货员打招呼:"谢谢您观察我售货,请您把看到的缺点指出来,我一定努力改进。"那名售货员说:"您别多心,我没有别的意思,大家都说您的热情从早到晚一个样,我不大相信,看了几天果然不错。我年岁比您小,可是站柜台的精神劲儿下午总是不如上午。上次没有评上标兵,大家鼓励我向您学习,争取赶上您。我就纳闷,您的劲头是哪儿来的?"

张秉贵一时不知如何回答,笑了笑说:"学天桥嘛!"对方也笑笑走了。

这样的回答不会让来观看的这位售货员满意,他自己也讲不出更多的道理来,他感到遗憾,别人找上门来,要求进步,需要学习,自己却没有一个让人满意的答案,这样好的机会就轻而易举地丧失了。

从天安门广场观礼回来,他受到了很大启发,他明白了"劲头儿"来自上岗的自觉性和责任心。他觉得应当将自己的这个体会告诉全店同志，而且更坚定地下决心，从早到晚保持这种激情。他为自己定下热情服务的三条守则：一是进入柜台就是进入战斗岗位，必须全神贯注，眼、耳、口、手、脚和脑六部机器同时开动，任何原因不得懈怠；二是不把个人的麻烦事和不愉快情绪带进柜台；三是以热化冷，化冷为热。

张秉贵的两点观礼感和三条守则向百货大楼的领导和群众汇报后，受到广泛重视。他还特地找到鞋帽组那名同志，谈了自己的新体会。这名同事感激地说："我懂了，我一定要向您学习，争取做一名标兵。"

张秉贵就是这样，并不满足于自己在工作岗位上做出的成绩，他深知"一枝独秀不是春，百花齐放春满园"，一个人的荣誉，只是个人的光荣，他更惦念同事们的共同成长，希望整个行业都形成良好的服务规范。

所以，每次他参加完群英会、表彰会等载誉归来，百货大楼门前都会出现锣鼓喧天、喜气洋洋的场面，大家热情欢迎他，齐声欢呼"向英雄致敬！"佩戴奖章和大红花的张秉贵边表示感谢，边说："大家才是英雄，同志们都是英雄！"

这些话并不是张秉贵的客套话，这是他出席群英会最深刻的印象和体会。在十多天里，他接触了各个行业的劳动模范，既有闻名多年初次见面的老模范，也有年龄还不到他一半的青年模范。他总是虚心请教，边学边思考。这些英雄都有突出的、感人的事迹，都是值得学习的。当他们一起交流的时候，都有着相似的理念，群众是真正的英雄，他们是大海里的一滴水，他们都希望呈现"百花齐放"的繁荣景象。

群英会结束后，张秉贵没有休息，就直奔糕点组。他和每一位同事握手，问候大家。这是他的习惯，他知道自己开会期间，正是这些同事分担了自己的工作。自从被评为劳模之后，每次外出他都和组里的同事们打招呼。开会回来，他都积极请求班组长安排时间向小组汇报，介绍所见所闻，交流自己的心得。他的这些做法，使柜组的其他同事很满意，他们似乎也感到自己参加了那些会议，并且认识到，张秉贵的这些活动不是他自己的事情、不是孤立的，而是和自己有关系的，大家的联系也就更加密切了。

这次，张秉贵参加群英会一去就是十几天，他知道同事们热切期盼他回来，把好消息带回来。张秉贵尤其不能忘记的，是在他走之前和同柜组张云的那次交谈。

张云主动找到张秉贵说："你知道有人不愿意和你一起站柜台吗？"

张秉贵感到很突然，他真诚地说："不知道，谁呀？"

张云说："我就是一个。你干吗老说那么多话，也不嫌累？你要是不那么热情，不就不显得我们那么冷淡了？所以我总想离你远点站柜台，不愿离你太近了。"

张云比张秉贵年轻十来岁。他性格内向，不爱多说话，站柜台时显得呆板、被动，常被顾客认为工作不积极，对人冷淡，也因此常常受到柜组的批评。但这番话是张秉贵没有料到的，他想和张云好好谈谈，可是还没有来得及安排，便参加群英会去了。

所以，他一回来立即去找张云，张云也正想和他好好交流一下，一下班两人就开始促膝谈心。

这次不爱讲话的张云先开口说了起来："你去开会这些天，组里变化不小。我们天天看报纸，听广播，盼着你取经回来呢。别看在一起站柜台时，嫌你突出自己，你一走，大伙都觉得好像缺少了点什么。有老顾客打听你的消息，我说：'他参加群英会去了，您需要点心我给您拿，我们都一样。'我像你那样接待了他，不料这位顾客还真给我写了条表扬意见，说咱们组不愧是先进集体。"

张秉贵听了非常高兴，连忙说："顾客说得对，我出席群英会也是代表咱们集体的。"

张云摇摇头说："不，你的成绩是当之无愧的，可是咱们组还没有达到先进组水平。组长抓得好，他在小组会上念了那条表扬意见，抓住我说的'我们都一样'这句话，发动大家找差距。大家都表示要像你那样接待顾客，把咱们组建成标兵组。"

听了张云的这番话，张秉贵感到非常欣慰，这些变化说明群英会已经产生了很大的影响，柜组同事们的思想认识提高了。他问起走之前张云说得不愿意和他一起站柜台那些话，张云不好意思地说："这些天我反复考虑你对我说过的一些话，想起来就脸红。以前我总是想'你为什么那样干'，现在我想的不一样了，我常常想'我为什么不那样干'，这样一变换，就能明白很多事情，干工作也很有动力。不过咱们组也还有人存在我以前的那种想法，这也是我着急找你的原因。"

张云的思想转变这么大，提高这么快，是张秉贵没有想到的，尤其是还关心班组的情况，更是难能可贵的。当他了解到张云和一位老同志之间还有些矛盾时，就提出帮他们解决这个矛盾。张秉贵到那位老同志家进行家访，去做老同志的工作，经过几次谈心，终于使老同志改变了对张云的看法，小组团结了。张秉贵也受到了启发，取得了经验。从此，家访成了他关心同事并向同事们学习的一条重要途径。

糕点组向先进集体前进，就需要群策群力，在不断提高的同时，他们感觉到一些不足，尤其是在商品知识方面。顾客常常问到一些相关的知识，但大多数售货员回答不完整，或者根本就回答不上来，张秉贵发现一位叫谢存善的老职工却对答如流。他了解到，老谢是从一家前店后厂的糕点铺来的，既有柜台经验，又懂制作技术。张秉贵建议组长请老谢讲授糕点知识，做售货表演，以提高全组的业务水平。当时张秉贵已经练就一套过硬的包扎技术，但在观看老谢表演时，发现"悬包捆扎法"的优点，便认真学习、虚心请教，他的这种态度，在小组产生了很好的影响。

群英会的精神在百货大楼广泛传播，糕点组出现了人人争先进的可喜局面。其他柜组经常到糕点组来观摩，不过他们已经不只是看张秉贵一个人操作了，糕点组每一个人的身上都有一股使不完的劲头，每一个人的售货技术都那样规范、高超。

一位上了年纪的顾客来到柜台前，一定要买货架上陈列的点心。张秉贵告诉老人，这不是点心，只是模型。老人不相信，坚持说以前购买过。张秉贵便从货架上取下一盘，放到老人面前，同时耐心解释说："以前的确用实物陈列过，现在改进了，因为直接入口的食品应该避免灰尘污染。为了顾客的健康，我们用模型代替实物了。"

老人戴上花镜，仔细端详着模型，连连点头说："佩服，佩服。模型制作得太好了，不光是可以乱真，简直比真的还吸引人，这是哪儿买来的？"

张秉贵回答："不怕您笑话，是我自己制作的。"

老人摘下眼镜，打量着张秉贵说："好样的！你替顾客想得太周到了。"这时候，在柜台外观摩的同志也围了过来，纷纷称赞。张秉贵自己明白，做成这样是花费了他很多业余时间的。他从糕点厂借来模子，从美工那里借来颜料和工具，在地下室制作了几十盘模型，都惟妙惟肖。逼真的模型不但使这位老人"上当"了，他的很多同事当初也没有看出来。通过模型来展示商品，既避免了陈列过的商品降价处理的损失，更重要的是还体现了为顾客着想，体现了一种责任心。

观摩的同志有的赞叹他的手艺精巧，以假乱真，更多的人通过这件事情在寻找着自己的差距，把关心顾客的指导思想具体地落实到各个方面，不只是单单当作口号，而是要实际行动起来，查找不足。榜样的力量是无穷的，张秉贵用实际行动贯彻着群英会的精神，张秉贵的行动又影响着一大批人。

不久，传来喜讯：百货大楼被命名为北京市红旗单位；接着，百货大楼又被命名为全国红旗单位，真可谓是"百花齐放春满园"，接连传来的喜讯使张秉贵和他的同仁们倍感兴奋。

但是,张秉贵并没有满足于这些荣誉,也没有停止探索的脚步,他还有更高的目标。

# "一抓准"和"一口清"绝技

卖糖果"一抓准"的绝活儿,最出名的就是北京市百货大楼售货员张秉贵。能做到这样,当然是练出来的。

一个出色的售货员,首先得是一个出色的"人肉称重器"。

不管卖什么,都有个"手感",顾客说要多少,就能准确无误地拿多少。否则,多了得减秤,少了得添秤,来来回回地,可就苦了排队的顾客!

为了追求"一秤准",不同行业的售货员各有各的招儿!

"领导为了加强咱们组,把张秉贵同志调来了。"在糖果组的欢迎会上,组长向大家宣布。

张秉贵明白领导调他到糖果组的意思,也懂得组长现在说的"加强"的分量。糕点组取得的辉煌成绩,张秉贵在其中起的作用是有目共睹的,现在糕点组无论从哪方面说,都展现出积极向上的勃勃生机，从大的方面看，还存在"一花独放不是春，百花齐放春满园"的问题。在张秉贵和糕点柜组之间，是"一花"和"百花"的关系，在糕点组、糖果组与整个百货大楼之间，何尝不是"一花"和"百花"的关系呢？

张秉贵也很清楚，这里是另外的业务，到底能不能干得出色，怎样干好新的工作，他的心中还没有底儿。组长说完了，掌声平息下来了，张秉贵恳切地说："感谢领导给我这个新的学习机会，也请大家多多帮助。"

组长说："你是老售货员，两组业务大同小异，没问题。"

张秉贵没有放过这个"小异"，糖果有上百个品种，百货大楼糖果柜组的品种也有近百种，这些糖果五光十色，产地各异，和从前的糕点几乎没有共同点，要说售货，可以算是"小异"，要说"商品知识"，可谓"大异"，他决心从头学起。

到糖果组以后，经过一段时间的观察，张秉贵发现这里的顾客比糕点组要多，常常围满柜台，甚至排起长队。他认识到，如何节约时间加快售货速度，是糖果组改进售货的关键。可是在售货过程中，张秉贵发现了另外一种情况，顾客要求急，自己也力求快，但有的顾客往往是轮到购买了，却又拿不定主意，售货员只好端着秤盘等候，这样就会耽误不少时间。针对这个问题，他总结出"接一问二联系三"的工作方法。在接待第一个顾客时，便问第二个顾客购买什么，同时和第三个顾客打好招呼。这样一来，张秉贵要多费很多口舌，但由于有了顾客的配合，售货速度却提高了很多。张秉贵认为，只要能为顾客节约时间，自己即便累一些也值得。他的工作方法引起了小组内外的重视，在小组会上，张秉贵介绍了他的方法，全组人都仔细倾听他的发言，对这种售货方法十分认可，张秉贵的这个工作法带动了许多同志。"我们只有珍惜顾客时间的义务，没有浪费顾客时间的权利！"成为糖果组内外传诵的名言。

珍惜顾客的时间，为售货员们赢得了广泛的赞誉；眼观六路、耳听八方，想顾客之所想，急顾客之所急，更是张秉贵售货过程中发自内心的一种理念。

一次，在售货时张秉贵看到排在后面的一位顾客连连看表，神情紧张，他便主动打招呼："那位同志，你有什么急事儿吗？"原来这位顾客要赶火车，只有半小时的时间了。于是，张秉贵对排在前面的顾客们说："排在前面的同志能让一让吗？这位顾客着急赶火车，先给他拿了，很快就给大家拿，我尽量加快速度！"赶火车的顾客连声道谢。张秉贵说："您别谢我，要谢，就谢谢大家，这是大家的支持呀！"这位顾客买了几种糖果满意地走了。张秉贵看看表，用了两分钟，他想，能不能再快一点儿呢？

为了再快一些，张秉贵把每次拿货归纳为六个环节：问、拿、称、包、算、收，他想每个环节上的时间节约了，售货速度自然就会加快。于是，他就在每个环节上动脑筋、挖潜力。

称糖果需用的时间，伸缩性很大。有时一抓差不多，几秒钟就可以。有时抓少了，添秤；抓多了，减秤；减多了还得再添，添多了又要再减，反复几次，用的时间就会超过一分钟。于是，他下决心练习"一抓准"的本领。每天早来晚走，反复苦练，抓了称，称了抓。各种糖果的形状不同，重量不同，要想一把抓到接近需要的分量，全凭眼力和手感，要做到确实不容易。张秉贵的苦练很快有了成效，很多时候能一把抓准，即使差点儿，也就是添减一两块糖的事情，这手绝活使他声名更大了，他还被誉为"眼是天平手是秤"。

百十种糖果品目繁多，价格也不一样。售货时如果没有记准价格，就需要回头看货架上的标签。张秉贵发现，每回头一次，大概需要3秒钟的时间，如果以每个顾客购买3种糖果计算，耽误的时间就是9秒。根据一段时间的统计，他得出一个数字：一天接待的顾客数在400人左右，这样算下来，一天浪费的时间就接近一个小时，一年就浪费300多个小时，这要耽误多少事情呀！他又下决心，要牢记各种糖果的价格。从此，每天一有空，他就背诵糖果的价格。晚上，回到宿舍后，他又将全部精力投入到背诵糖果价格当中，年过半百的张秉贵，尽管记忆力有所减退，但他硬是以顽强的毅力把糖果组经营的近百种糖果的价格背熟了，卖糖果时再也不用回头看标签了。

记住了各种糖果的价格，售货的速度明显快了，效率提高了，节约了顾客的时间，顾客更满意了，张秉贵却又发现了新的问题：顾客并不是规规矩矩买整斤的糖果，购买数量也不限于一种，算账也很烦琐，遇到购买零碎、品种较多的顾客，消耗的时间也很长，他又发起挑战，目标是"一口清"。业余时间，他就钻进数字王国。他制作了一张表格，列出各种糖果每斤每两的钱数，他按照自己的方法练习心算，算完后，再用算盘检验，一遍遍检验，误差越来越小，不久就彻底甩掉了算盘。即便是顾客购买的不是整数斤两，购买几十个品种，他也能一边称糖果，一边心算，在递出商品的同时，报出应收款数额。这种"一口清"的本领，同样节约了顾客的时间。

一位顾客在张秉贵的柜台前买糖果，这位顾客报出了四种糖果，有的要二两二，有的要三两七，凑起来恰好一斤，张秉贵按照顾客的要求逐一称好，动作干脆利索，然后客气地问："您还需要点什么？"

"不要别的了。你不是一口清吗，多少钱？"顾客说。

张秉贵随口回答："两块零七分。"顺手递过一把算盘说："您买的数量零一点儿，我是心算的，请你再复核一下好吗？"

这位顾客一推算盘说："您往这儿瞧，我都算好了！"他摊开左手，手掌心有四行圆珠笔迹，总数正是张秉贵报出的价款。顾客接着说："咱们是同行，我是副食店的，看了报上报道你的'一口清'，有些不信，所以过来证实。您真不简单，我算服了！"

张秉贵为顾客争分夺秒的精神，常常使顾客感动，也得到顾客的主动配合。有次，一位四川口音的顾客，要买几斤什锦糖。张秉贵称好后，顾客打开旅行包说："不用包了，就倒在里面吧！"张秉贵问："您这糖是带回家乡的吧？"顾客点点头。张秉贵说："您想为大家节省时间，这种精神值得我们学习。不过，四川比北京热，糖果闷在旅行包里容易融化、发黏。"说着迅速加了一层蜡纸把糖包好，顾客非常感谢，张秉贵说："这是应该的。我们努力求快，还要尽量做好。您这样带走，我们才放心。"

节假日，商场比平日更忙，顾客也在各柜台前排起了长队，张秉贵越忙越精神，满头大汗也顾不上擦。忽然，一位顾客把张秉贵的秤盘按住了。张秉贵不由一愣：怎么，得罪顾客了吗？只见顾客满面笑容："老同志，您先擦擦汗！"排在后面的顾客也说："您喝口水，歇会儿再卖，我们不着急！"张秉贵连声说谢谢，擦了把汗，喝了几口水。又有人说："请您喝足了，我们多等会儿没关系！"在这样的热情关怀下，他更感到柜台上的分秒都很珍贵，也体会到只要你真诚对待顾客，顾客也会真诚地对待你。

# "一团火"精神

人们常用"体贴入微"来形容张秉贵的服务态度,他站柜台几十年从来没有对顾客发过一次火,红过一次脸,态度总是那么和蔼可亲。有人问:难道张秉贵就从来没有遇到过不讲理的顾客?张秉贵说:"我们为人民服务,就要完全彻底,遇到个别顾客冷,决不能以冷对冷,而是要以热对冷,变冷为热。"

人们说,张秉贵的胸中有一团烈火,燃烧着为人民服务的乐章。他的精神劲儿,他的热情劲儿,他的持久劲儿,就像一股股暖流融化冰川雪峰一样,使顾客心花怒放,笑逐颜开。很多人到百货大楼糖果柜组前,都是为了一睹"劳动模范"张秉贵的风采。顾客们悄悄议论:

"他就是劳动模范张秉贵!"

"你瞧他抓糖,一抓就准。"

"他售货速度真快,又那么热情,让人心中热乎乎的。"

一次,一位抱小孩的女顾客来买糖果,当时柜台前人很多,还没轮到她买,孩子就哭起来,嚷着要吃糖果。只见张秉贵从货柜里拿起一块糖果,放到孩子手里,孩子顿时止住了哭声。张秉贵又对这位顾客说:"这块糖果待会儿一块算账。"她感激地点点头。过了一会儿,轮到她买糖果时,张秉贵从称好的糖果中拿出一块放回货柜里,又拿出几块用小纸袋装好,塞进孩子的衣兜里,把剩下的糖果包捆结实递给顾客,嘱咐道:"孩子兜里的糖果,留着他路上吃。"这位顾客激动地对孩子说:"快谢谢爷爷!"孩子天真而又亲昵地叫了声:"爷爷!"周围的顾客不约而同地笑起来,赞扬张秉贵比当妈妈的还想得周到。

作为一名售货员,什么样的顾客都可能遇到,张秉贵的"以热对冷,变冷为热",常常会收到很好的效果。

一天中午,商店里的人不多,一位女顾客气呼呼地来到糖果柜台前,张秉贵含笑迎上去问她:"您想买点什么糖果?"

"不买,难道不能看看吗?"

说完,这位顾客连看都不看张秉贵一眼,绷着脸从中间柜台向东头柜台走。张秉贵也随着她向柜台东头走去,边走边想:她准是遇到了什么不顺心的事,越是这样,我越是要热情接待她。张秉贵一边走,一边和颜悦色地说:"最近从上海来了几种新糖果,味道还不错,您想看看吗?我给您介绍一下……"顾客被张秉贵那火一般的热情感动了。她抱歉地说:"刚才我冲您发火,您没见怪吧,我那孩子不吃饭就去游泳,气得我真想揍他。您瞧,刚进大楼那阵儿,我的气还没消呢!"

"您教育孩子是应该的,可要注意方法,不能打孩子。"张秉贵诚恳地说。

这位顾客感动了:"您的服务态度真好,我无缘无故向您发火,您还这样耐心做我的思想工作……"

这件事以后,这位女顾客每次来百货大楼,都要到糖果柜台前来看望张秉贵。

还有一次,一位工人模样的同志到百货大楼糕点组买东西,因为刚喝了酒,心烦,就和一位售货员吵了起来。他带着怒气,又来到对面的糖果组。这时,满面笑容的张秉贵迎了过来,主动和他打招呼。这位顾客怒气未消,一连让张秉贵称了三种糖果,每种都只要一两。张秉贵非常麻利地给他称了糖果,包装好,又告诉他这三种哪种好吃。这位顾客被感动了,脸上露出歉意。从那以后,他常来买糖果,他说:"我来看张师傅,是因为他对顾客太好了。每次在他那儿买东西,心里总觉得很舒坦,很高兴,回到家里也总是忘不了。"

张秉贵心中装着"一团火",他用这团火,温暖着别人,照亮着别人。

在糕点组时,有位面带病容的女顾客来买糕点,她对张秉贵说:"我身体不好,一吃甜的就腻,你能帮我选几种适合我吃的点心吗?"张秉贵详细地介绍了各种糕点的味道,最后帮她挑了些略带咸味的鸡油芝麻饼和牛舌饼,女顾客感激地说:"你们的服务态度真好!"

几天后，这位女顾客又来到柜台前，把一大包枣和梨放在柜台上说："这是我家乡的水果，特意送来让你们尝尝。"张秉贵急忙摆手谢绝，可顾客已经跑出门了。

夜里，张秉贵翻来覆去睡不着觉。中华人民共和国成立前，他在德昌厚当伙计时遇到的一件往事，又浮现在眼前。一个国民党兵痞来吃冰激凌，因为等了一会儿，就发起火来，一拳打在张秉贵的心口上，还恶狠狠地骂："看你还敢把老子当生西瓜'蹲'起来！"那时候，张秉贵有气往肚里咽，有泪朝心里流，挨了打，还要装出一副笑脸赔不是。想想过去，看看现在，他无限感慨：过去和现在一样，都是热情服务，过去常常挨打挨骂，甚至还有生命危险。他被日本兵抢过，被兵痞打过，被洗染店的老板刁难过，警察、汉奸也常常白拿白吃。现在刚为顾客做了一点儿事，他们就把自己当亲人相待，自己有什么理由不做好本职工作，不全心全意为人民服务呢！

也有人问张秉贵："几十年来，你老那么热情，难道自己就没有过一点儿不顺心的事吗？"

张秉贵却说："我认为柜台就是阵地，我一进入柜台，就像解放军进入阵地一样，一点儿都不想自己的事。从早晨开门接待第一位顾客，到晚上关门送走最后一位顾客，心里想的，手里干的，都是为顾客。"

——他想排队买糖果的顾客中，有没有急着赶火车的，怎样发现他并主动给予优先照顾。

——他想对待老弱病残和抱小孩的顾客或买糖果数量少的顾

客，怎样更为精心地接待他们。

——他想怎样为顾客节省时间，提高工作效率。

——他想怎么能使来百货大楼的顾客心里热乎乎的，回工作岗位后，心里也是热乎乎的。

张秉贵为顾客想得那么多，却顾不了自己的家。

他家离商店并不很远，他却和妻子相约：常年住在单身宿舍，每星期休息时才回家一次。他还嘱咐妻子，没有急事不要向柜台打电话。他的妻子崔秀萍，一位朴实的劳动妇女，忠于丈夫的嘱托，身挑工作和家庭两副重担，抚育了四个孩子，从没有因私事打电话到柜台。就连她临产时，也不敢惊动忙于春节供应的丈夫，自己艰难地走到医院。直到年三十夜里，张秉贵送走了最后一批顾客，深夜回家吃团圆饺子，才知道炕上多了一个胖儿子。

一次，他唯一的女儿生了重病，日夜说胡话，张秉贵送女儿到医院后，找来别人照料，就赶去上班了。上班路上，孩子的病情在他脑海里怎么也抹不掉，一上柜台，张秉贵努力克制自己，照样专心致志地工作。

社会上不少人包括一些售货员，有这样一种看法：站柜台最简单，不用学就能会，不就是一手收顾客的钱，一手给顾客所购买的商品吗？

张秉贵却说："站柜台虽然不是什么高深的学问，既不需要证明什么原理，也不像发射火箭那样动人心魄，但同样有知识，这里也大有学问哩！"

张秉贵并不满足于他的"一抓准"和"一口清"，他不断地总结、探索。

在眼、耳、口、手、脚、脑六部"机器"同时开动的售货过程中，他还通过眼神、语言、动作、表情、步伐、姿态等方面表现服务态度，给人以"主动、热情、诚恳、耐心、周到"的良好印象。

一名售货员要接待来自四面八方的顾客，这些顾客有不同的爱好、兴趣和购买动机，要满足他们不同的需求，就得学点心理学。

售货员语言要亲切动人，言简意明，使顾客听后满意，就得学点语言学。

为了当好顾客的参谋，他不知费了多少心血去熟悉自己柜台里的商品。公休日，他到糖果厂去参观访问，了解糖果的制作过程；下班后，他又到医院向医生学习各种糖果的营养知识；卖糖果时，他虚心向爱吃糖果的顾客了解各种人吃糖果的习惯和各种糖果的味道。几年间，他自己花钱买了230多种糖果品尝，并请同柜台的售货员一起尝。经过刻苦钻研，张秉贵的商品知识十分丰富，为顾客服务也有了更多的主动权。遇到患肝炎的顾客，张秉贵就介绍他买糖分多、对治肝病有好处的水果糖；遇到患气管炎的顾客，他就介绍买冰糖；对消化不良的顾客，他又建议顾客买柠檬糖和橘子糖……

在售货中，他严格要求自己，做到顾客买与不买一个样，买多买少一个样，生人熟人一个样，大人孩子一个样。

在柜台里，张秉贵会及时发现需要照顾的老弱病残顾客，尽量为他们提供方便、快捷的服务。他随时倾听顾客的要求和建议，不断解答顾客的询问，还要不停地拿糖、过秤、包装、打捆儿，同时用心算代替算盘。在柜台里，他三步并作两步走，一点儿也不觉得累。可是晚上下班后，他就感到有些支持不住，有时连上楼都要扶着墙。同事说他是"上班三步并作一步走，下班一步分成三步迈"。尽管如此，下班后他也没有真正休息，他的心还在柜台里，还在顾客中，他每天晚上都要将自己想象成顾客，站到顾客的角度来回想自己一天的工作：哪些做得好，哪些做得不够，怎样去改进。

张秉贵向顾客献上的是火一般的热情，顾客反馈给他的，也热情如火。

他柜台前的顾客，几乎都是他的朋友，每天都有人来看望他。当他卖货累得满头大汗时，会有顾客情意深切地让他先休息一下。

一次，他到浴池洗澡，一位同志拿着毛巾、肥皂过来，坚持要为他搓背。张秉贵再三推辞，这位同志恳切地说："您为多少顾客服务过，我也是您的顾客，今天就让我为您服务一次吧！"

他去一家饭馆吃夜宵，这里已经座无虚席，他买了碗炒面站着吃。突然，厨房里有位大师傅，举着凳子一边吆喝着闪道，一边朝张秉贵走来。人还没到，就开始说话了："您是百货大楼卖糖果的那位老同志吧，我在您那儿买过糖果，快坐下吃，您这么大岁数了，站了一天柜台，够累了，该歇歇了！"边说边把凳子放在张秉贵的身后。

有一位外地顾客，来北京时几次到百货大楼看望张秉贵，恰巧都没有遇到。临离京的那天晚上,他抱着最后的一线希望来了。

一见张秉贵就喜不自胜，紧紧攥住他的手说："可见到您了，看到您的身体还很健康，我真高兴。"

张秉贵出门就会碰上热情的朋友。排队买东西，会有人坚持让他先买；乘公共汽车，会有人主动给他让座。在人多的公共场所，经常传来一声声热情的问候："张师傅，您辛苦了！""张师傅，您认识我吗？我在您那里买过糖果，谢谢您了！"

张秉贵为顾客的热情而感动，这些热情反过来更激励他为顾客奉献周到的服务和赤诚的真心。

# 燕京第九景

历史上北京有著名的"燕京八景",又称"燕山八景"或"燕台八景"等,这种说法产生于金代,金代及以后的文人们纷纷题诗,遂使"八景"名闻遐迩。这八景的具体名称和景点历代也有变化,金代所称的八景是:太液秋风、琼岛春阴、金台(道陵)夕照、蓟门飞雨、西山积雪、玉泉垂虹、卢沟晓月、居庸叠翠。元明两代及清康熙年间燕京八景名目均与此八景景名大同小异。这八景到今天的境遇差别很大,有的还是游览胜地,有的已经鲜为人知了。那么,"燕京八景"和张秉贵的售货有什么关系呢?这缘于一位老者的赠诗。

1977年春节,一位老者送给张秉贵一张纸,上面是用毛笔写下的工工整整的几句诗:

> 首都春浓任君游，
> 柜台送暖遍神州。
> 燕京八景添一景，
> 秉贵售货领风流。

这位老顾客年逾古稀，是位退休的知识分子，家在附近，是百货大楼的常客，多次提出一些表扬和建议，及时、准确、在行。他钦佩张秉贵几十年如一日的优质服务，特意写诗称赞，这件事一时传为佳话，后来报纸上也把"秉贵售货"作为"燕京第九景"宣传了。

张秉贵的售货艺术使千千万万的顾客为之倾倒。着迷的程度不亚于"影迷"之于"影星"，"球迷"之于"球星"。只是张秉贵德高望重，他的售货劳动又具有直接为人民服务的性质，人们对他的"倾倒"之中又渗透了更多的尊敬和感激之情。张秉贵的知名度越来越高，售货艺术也更加炉火纯青。

张秉贵从1955年11月到百货大楼站柜台，30多年，直接接待的顾客少说也有400万人次，参观过他售货的，数量就更可观了。百货大楼每天至少接待顾客10万人次以上，张秉贵成为劳模的20多年里，在他的柜台前，参观的热潮一浪高过一浪，参观的人比前来购物的人还要多。每天一开门，他的柜台前就挤满了人，挨近柜台的一行是排队买糖果的，后面便是参观的。但买糖果的和参观的也很难分清，有人买了还看，看了再买，有的一站好半天，挤不到前面，便到楼梯的台阶上去看。虽然百货大楼货岛之间距离宽阔，通道仍然被堵塞，人们往往要绕到货岛后面才能通过。在众多的"观景"者中，有些人是熟识的，更多的是素不相识，却也愿意挤上前去说句话，表达自己的心情。

一位小伙子排队买糖果，轮到他买时却又自动站到队尾去了，这样反复几次之后才买了几两糖果。他对张秉贵说："我观察您半天了，您卖糖果的动作是始终如一的、规范化的，有很强的节奏感，如果配上音乐，一定是极好的艺术。难怪天天有这么多人看您售货。"

一位东北口音的中年人，突然挤到前边拉住张秉贵的手说："我不是来买糖果的，是特意来看您的。我来了三次了，前两次您没当班，可今晚我就要回去了，我想我一定要再来一次，见不到您多遗憾呀！现在见着您了，我真高兴。"

一位拄着拐杖的老人，经常站在柜台外欣赏张秉贵售货。天长日久，张秉贵也注意到了他。一天，这位老者主动走近柜台说："不怕师傅您笑话，我是因病休息的人，每天来看看您站柜台的精神劲儿，为人民服务的热情劲儿，病也仿佛好了许多。"

这样的感人事例太多了，张秉贵把这些当作自己工作的动力。他也完全理解顾客的心情，顾客来看他售货，代表了广大群众对社会风气好转的关切、支持和对人与人之间关系的恢复与发展的殷切期待。但是，能直接看他售货的人还是有限的。他常想：除了卖糖果，还能为大家做点什么呢？恰好，《红旗》杂志来约稿，他请人帮忙，把多年工作经验写成一篇《为革命站柜台》的文章，在《红旗》杂志发表，这篇文章概括地表述了他的思想和工作，文章内容朴实、感情真切。

张秉贵本想缓和一下"第九景"的压力，不料大量的来信掀起了一个新的高潮。每天从全国各地寄来大量信件，有热情的称赞，有推心置腹的陈述，有披肝沥胆的检讨，有掷地有声的誓言，也有质疑问难的询问。

同行的来信最多，反映也最强烈，特别是青年售货员，更是诚挚而热情。

沙市中心百货商店的一名售货员来信说："我是商业新兵，5年多来，每天基本上都要和顾客发生争吵，不是硬顶就是冷碰。……我已经写了决心书，表示要老老实实地向您学习，学习您的好思想、好作风，希望您接受我这个徒弟。"

绥化县杂货商店糖果部一名售货员来信说："希望您不仅带好身边的徒弟，而且也收下我这个远方的徒弟。"

北京一名中学生来信说："在过去的几年当中，我总想，干什么工作都比当售货员强，售货员拿东拿西，累得腰酸腿疼不算，还得赔着笑脸，多没意思。这一行简直是伺候人的，说什么也不想干这一行！可是自从看了您的事迹后，我越来越体会到'没有低人一等的工作，只有低人一等的思想'这句话的伟大意义！我决心永远当一名售货员！当一名您的徒弟，用您的'一团火'精神来衡量自己，做一名勤勤恳恳、不怕劳累和麻烦的人民售货员。"

一封封来信送到张秉贵手中，起初，他还简要地写回信，后来，来信太多了，实在不可能一一回信，办公室人员就拟了一封格式信，印出来作为一般的复信。但张秉贵始终坚持读群众来信，并重点回复。他认为，这是他的一种社会责任，也是使他不知疲倦的一种力量。

"秉贵售货"受到这样广泛的重视和赞誉，起到这样大的作用，不是偶然的。他经历了旧社会缺吃少穿、穷人没有地位、学徒没有尊严的生活，更经历了军阀混战、外敌侵略等战争时期的社会动荡，深知稳定的生活来之不易。成为一名共产党员之后，他的一言一行，时时刻刻按照共产党员的标准来衡量自己。他的付出得到了社会的认可，他曾连续四次获得北京市委财贸部和商业局党组发给的优秀共产党员证书。

1977年8月，张秉贵被选为中国共产党第十一次全国人民代表大会的代表。他用实际行动贯彻大会精神，在柜台上的工作更出色了。

出席十一大回来，张秉贵接受了《北京日报》记者的采访。随后，《北京日报》在头版通栏开辟"学习张秉贵，做张秉贵式售货员"专版，在北京市引起强烈反响。

1978年1月8日，《北京日报》发表评论，并在"学习'一团火'，献出光和热"的标题下，摘登了一组来信。写信的不仅有售货员、服务员，还有工人、农场职工、解放军战士、汽车售票员和小学生。他们的信中说张秉贵"像一面镜子立在面前"，说"张伯伯这团火，真是把我从冷烘热了"，说"我觉得我前进的征途上也添了一团火，我要让这把火越烧越旺。我一定要做张秉贵式的人"。

1978年2月，张秉贵当选为全国人大代表。售货员们为有了自己的代表而欢欣鼓舞，中央对商业战线职工十分重视，张秉贵又被选为常务委员。他清楚地知道，自己虽是一名普通的售货员，但肩负的责任却很重大，他勉励自己一定要加强学习，努力提高政治水平和文化水平，当好代表，不辜负党和人民的信任和嘱托。

有人问张秉贵，您现在是人大常委会委员，又是全国劳模，一定不站柜台了吧？

张秉贵说："'人民代表'不为人民服务，'劳动模范'不参加劳动，还叫什么人民代表、劳动模范？您别看我61岁了，可眼不花，耳不聋，腿脚还蛮利索。从17岁起，我站了几十年柜台，可越站越觉得浑身带劲儿……算起来，我每月参加会议不少，还要时常接待来访的、参观的。忙是忙，可不站柜台，我就心发慌，手发痒。"

1978年6月5日，北京市委财贸部授予张秉贵特级售货员称号，在这之前，还没有特级售货员。这对广大售货员更是很大的鼓舞，有人表示祝贺，有人表示羡慕，有人暗下决心要赶超张秉贵。面对着001号的大红证书，张秉贵心潮翻滚，他深知荣誉来之不易，更清楚当好排头兵的深远意义。

不久，他出席了中华人民共和国成立以来规模空前的全国财贸大会。张秉贵走上人民大会堂的讲台，向5000多名代表和数千名听众汇报了站柜台的经验。他作报告时，全场情绪活跃，掌声阵阵，表明他的"一团火"精神同与会人员发生了强烈的共鸣。

张秉贵的发言引起了极大的重视，在代表们返回住地的路上，在餐桌旁和房间里，处处是谈论"一团火"的人们。有的说："听了张秉贵的发言，增强了做商业工作的高尚感和责任感。"有的说："过去有些长期没有解决的思想问题和工作问题，听了张秉贵的发言，心里豁然开朗。"有的在找差距、表决心。

"一团火"也激起了作家的激情。应邀出席大会的著名作家冰心和王愿坚先后采访了张秉贵。冰心写了报告文学《颂"一团火"》，发表在《人民文学》上；王愿坚写了报告文学《甜蜜的事业》，发表在《解放军文艺》上。

冰心在写报告文学《颂"一团火"》时，儿女们告诉她："您知道这位劳动模范、先进工作者张秉贵同志，就是我们小时候常对您讲的那位张师傅啊！那时，我们去买只要五分钱的糖果和只要三分钱的冰棍，张师傅对我们可亲啦！"儿女们告诉冰心，张师傅当时就在那个位于北京东城区大华电影院旁的德昌厚食品店，也是他们以前经常光顾的地方工作。在冰心的儿女们看到北京市委财贸部发出的"认真学习张秉贵同志先进事迹的通知"后，对她说："我们也是要向他学习这'一团火'精神……"他们每次到百货大楼去，都看见糖果部柜台旁边，里三层外三层地围着人，不太敢过去打招呼，也没有给张秉贵写过信，因为怕耽误了他宝贵的时间。

张秉贵所想到的已经不只是自己，不只是自己的同行。大会期间，张秉贵见到了许多老劳模，话题离不开经济改革，他决心让"一团火"发出新的火焰。

# 与日本同行交流

北京市百货大楼和日本三越百货大楼于1979年建立了友好往来关系，双方管理人员曾互相访问，交流经营管理经验，但售货员并没有交往。1980年4月22日至25日，中日两方代表在北京进行了座谈和表演。张秉贵十分重视这次机会，他参阅了《三越百货公司售货员守则》等文字资料，认真研究日本同行的经验。

一场别开生面的中日同行交流大会在张秉贵所在的百货大楼举行，百货大楼临时布置了一个小型售货现场，几个移动式的玻璃柜台和新式货架，陈列着服装、手绢、纱巾等小百货和各色糖果。

表演由客人开始。表演者是林三代和井坂节子，三越百货公司驻北京办事处人员吉泽和黛亮分别充当顾客和翻译。她们从仪容仪表做起,先整理自身的服装,检查胸前佩戴的徽章,然后取下货帘,开启货柜,擦拭尘污,整理商品。她们边做边讲:"陈列商品每天要变化新花样,不但要整齐美观,便于顾客观看,而且商品的颜色、花样、尺寸、价格都要搭配合理,起到吸引顾客的作用。"开门铃声响起,两名女售货员分别表演了接待顾客的十阶段:准备,迎接顾客,展示商品,介绍商品,收款,复核,包扎,封印,递交和送别顾客。同时,每一阶段都表演应有的态度和不应有的态度。她们动作优美、娴熟,使观看者得到艺术般的享受。

张秉贵虚心观看,认真参加座谈。尽管社会制度不同,但优美的东西是相同的,他力求在同行们的经验中汲取有益的东西。

张秉贵知道,三越百货公司信守的是"诚心诚意精神",只不过他以前的理解是抽象的,现在亲眼看见同行们的表演,从同行的神情和动作中,体察到她们的服务精神和对职业的自信和自豪。日本同行认为,出售商品不单单是服务问题,如果只是单纯的出售商品,有自动售货机就够了,"对于期望得到在超级市场无人售货的方式或自动售货机所得不到的卖货乐趣而来的顾客,我们每名售货员应给予热情、恳切的接待,并熟练地运用商品知识与售货技术来帮助顾客选购商品,从而满足顾客的要求。"这些看法,张秉贵听起来很新鲜,也感到十分受益。

交谈中,日本同行对北京市百货大楼拥有大量顾客很感兴趣。他们做了个统计比较:三越百货公司银座支店,营业面积 2400 平方米,平均每天顾客流量 4 万人次,节日高峰达 10 万人次。

据测算，来店顾客购买商品的人占到 20%，平均每个职工每天接待顾客 8～10 人；北京市百货大楼的营业面积只有 1200 多平方米，每天顾客流量 10 多万人次，节假日高达 20 多万人次，购买商品人员的比例达 50%～60%，平均每个职工每天接待 40～50 人。在顾客这么多、业务这么忙的情况下如何优质服务，是日本同行所关心和希望得到解决的问题。

张秉贵进行了精彩的表演。日本同行看到他熟练、精确和快速的操作之后，表示他们的问题迎刃而解了。

表演"一口清"时，是吉泽当顾问。他认识张秉贵，对张秉贵的经验也有所了解。他手持计算器，请张秉贵介绍糖果单价，然后每样购买一点儿。张秉贵一抓就准，吉泽一边看秤，一边按计算器。几种糖果称完，张秉贵在包扎的同时报出总金额，结果同计算器上显示的完全相符。吉泽惊讶地说："怎么回事？怎么算得这么快？"并要求再来一次。十几种糖果又各买 2 两或 3 两，同样是称完报数准确无误。日本同行和在场的人不约而同地鼓起掌来。

吉泽还想试试："请再来一次好吗？"

张秉贵回答："好。"

这时候两位日本女售货员也都站起身来，她们睁大眼睛盯着张秉贵的操作，也盯着吉泽手中计算器上的数字，结果仍是准确无误。他们齐声夸赞："太厉害了！"过来同张秉贵握手表示祝贺。

吉泽说："你是模范，你有高超的技术，是中国人民的骄傲！"

这次交流之后,张秉贵仔细思索着两国同行之间柜台服务的异同。他想到自己作为一名全国劳模,有责任推广自己的经验,有责任促进服务工作的改革,他要带头向新的高峰攀登。

# 广播"星星之火"

1983年春节,张秉贵被邀请参加了国务院在人民大会堂举行的盛大的团拜会。

6月,第六届全国人民代表大会第一次会议在北京举行,张秉贵再次当选为代表。

这次会议后不久,张秉贵接到了重庆百货商店的邀请,希望他去传授经验。重庆百货商店是改革试点最早的大型商店之一,已经有三年多的经验,张秉贵也很想去参观学习。

重庆百货大楼挂起大幅横标:热烈欢迎全国劳模张秉贵来我店传经。张秉贵说:"兄弟单位各有经验,说实话,我是来取经的。"

张秉贵应邀为重庆同行作报告,他系统地讲解了自己的柜台经验,博得了热烈的称赞。在多次座谈会上,张秉贵又分别解答了在柜台上遇到的一些实际问题,同行们都很佩服。为了推动青年售货员练习基本功的活动,大家一致要求张秉贵做一次卖糖果"一抓准"的示范表演。当时他已近65岁,再说重庆场地生疏,糖果的块型和北京的也有很大差别。能不能"一抓准",同去的人为他捏了一把汗,张秉贵明知有困难,还是愉快地答应了。

售货技术表演会在礼堂举行。会场座无虚席,气氛热烈又有些紧张。观众有重庆百货商店的,也有其他商店来的,大多是被评为技术能手或小行家的青年。座位不够,通道上也站满了人。表演开始了,重庆方面派人协助看秤。

张秉贵在表演抓五两、四两、三两、二两时,每次都是一抓准。助手高声报道:"正好!"

会场里响起了阵阵掌声。

最后一次是抓一两,助手没有立即报出,表情有些尴尬,想悄悄地动动秤。张秉贵制止了助手,说:"可能多了,请您拿下一块糖。"助手照办了,看着秤,用激动的声音报道:"多一颗,现在正好!"

台下掌声更加热烈。

张秉贵对台下的同行们说:"准,不是绝对的。如果绝对准,那就不用秤了。我来表演,不是炫耀技巧,只是想说明熟能生巧,希望同志们苦练技术。不瞒大家说,我昨晚在宾馆还练过呢!"他的真诚赢来了更多的掌声。

表演之后,举行了拜师会。重庆百货商店经理把挑选好的十名青年售货员依次介绍给张秉贵。他们来自各个商品部,年龄最小的18岁,最大的也只有30出头。其中,有省和市的先进工作者、劳动模范、最佳营业员和三八红旗手。他们都恭恭敬敬地给张秉贵鞠躬，认认真真地在师徒合同上签字。张秉贵签字之后，北京市百货大楼和重庆百货商店负责人也签了字。这是张秉贵在店外第一次收徒，起初他不太同意，担心路途遥远，不能及时指导，难免流于形式。后来对方一再表示出强烈的愿望，反复说明这样做有利于张秉贵把他的经验通过他的徒弟传授下去，并且提出了定期通信汇报的办法，他才答应下来。

在重庆传经之后，张秉贵一行四人乘船去武汉。重庆百货商店的干部和他的十名徒弟们都到码头送行。张秉贵再次叮嘱徒弟们一定要不务虚名、多干实事，继续努力提高服务水平。

从长江顺流而下。张秉贵第一次领略了巴山蜀水的壮丽风光，正在心旷神怡之际，忽然听到有人和他说话。

"张师傅，船员们都知道您乘坐了我们的船，感到很荣幸，想请您作一次报告，可以吗？"说话的是船上的政委，他代表全体船员提出这个请求。

"可以，可以！"张秉贵连声说，这是他的习惯，无论是问候或承诺，他都会将短语连说两次，这样的表达让人听了很舒服，既是谦恭的一种态度，又是热情的流露。

很快，会场布置好了，船员们将船上的餐厅临时布置了一下。张秉贵不顾旅途劳顿，作了一场声情并茂的报告。船员们听得十分认真，许多乘客也纷纷赶过来，可惜的是，餐厅太小了，大家只好在船舷上围观。人们称赞，张秉贵走到哪里，就把为人民服务的精神传到哪里。

张秉贵在船上的活动，惊动了一位身经百战的老将军——洪学智上将。老将军主动过来，和张秉贵交谈，亲切地说："你到处宣传为人民服务的思想，在部队也作了很好的报告，大家都在学习你，我代表部队向你表示感谢。"

张秉贵诚恳地回答："我去部队汇报工作是应该的，还要好好向解放军学习。"

这些年来许多部队的后勤部门，针对一些同志不安心后勤工作的思想，邀请张秉贵作过多次报告。但老将军如此重视，是他没有想到的，他决心抽出更多的时间，把传授经验工作做得更好，他知道这是一件有意义的事情，其影响远远超出了自己的预想。

船到武汉后，张秉贵又应邀去作报告。他想：每次报告针对性各有不同，可以常讲常新，但业务技术方面的内容变化不大，可不可以用书面材料代替报告呢？

传授经验回来后，他将这一想法和许多同事朋友讲了，得到了他们的鼓励和支持。于是，他立即动手，把自己积累40多年的零散售货经验整理出来，经编辑加工，《张秉贵柜台服务艺术》一书出版发行。从此，他的售货技术成了一笔社会财富。

1984年3月，张秉贵应邀到唐山作报告。这个在地震废墟上新建的城市，是张秉贵多年牵挂和向往的地方，他把为新唐山出点力当作自己的责任，带着很深的感情来到了这里。

张秉贵受到唐山财贸职工的热烈欢迎，市属10个区县的同行，有的从数十里甚至数百里的外地赶来听他的报告。不少人半夜启程，早早赶到。遵化县的同志们特地买了录音机，录音回去集体学习。张秉贵的报告像一场春雨,在全唐山掀起了学先进的热潮。

张秉贵参观了新市区。在新建的百货商场里,同年轻的售货员们座谈。他们都表示出希望上进的愿望和为唐山争光的决心。有五名青年提出请求,希望张秉贵收他们做徒弟。张秉贵听了他们的汇报后,欣然答应了,并同这五位新徒弟签订了师徒合同。他语重心长地嘱咐:"新唐山要有新的服务水平,你们一刻也不要忘了肩上的责任呀!"

自1957年成为劳动模范以来,张秉贵便应邀到各单位传经送宝,听过他报告的人数少说也有数十万,其中以青少年居多,他甚至到过不少幼儿园。有一次,张秉贵乘坐公共汽车,竟有三名青年争着叫他"师傅",其中包括正在热情服务的售票员。原来这三名青年都听过张秉贵的报告,现在也都在服务性的岗位上工作。

北京市百货大楼是张秉贵的"老家",他在这个售货厅里度过了30多个春秋,更希望"一团火"精神在这里发扬光大。多少年来,售货员对老模范心服口服。为了培养青年,张秉贵到每个柜台去观察、发现和培养新的"苗子"。终于,十名青年男女荣幸地拜张秉贵为师,成了张秉贵的"嫡传弟子"。这些青年人学习了张秉贵的经验,并添加了新时代的服务内容,使"一团火"精神发出更加绚丽的光彩。

其实,张秉贵的弟子何止十个!百货大楼的500名优秀售货员和3000多名职工,都曾受到他深刻的影响,特别是糖果组柜台。一些初到商店的顾客在受到热情的接待后，经常把头发斑白的老职工误认为是"张秉贵"，或者高兴地询问年轻职工："你是张秉贵的徒弟吗？"

张秉贵是服务行业的代表，更是北京市百货大楼最亮的"明星"，优秀的、舒服的服务都能和张秉贵联系在一起，他的影响远远超过售货员工作本身。

# 张秉贵的柜台服务艺术

张秉贵站了几十年柜台,在实践中积累了丰富的经验,他善于解决售货工作中的问题和矛盾,他的《张秉贵柜台服务艺术》就是这些经验的汇集。他总结出了柜台服务的"五个劲":站柜台的精神劲,服务态度的热情劲,售货中的迅速劲,始终如一的持久劲,坚持不懈的虚心学习劲;"十个字":主动、热情、诚恳、耐心、周到;"四个一样":买与不买一个样,买多买少一个样,生人熟人一个样,本市外埠一个样。针对顾客"求实、求新、求廉、求名、求信"的心理,提出了解决柜台矛盾的"十个怎么办"和"主动、热情、诚恳、耐心、周到"的"十字服务规范",这种服务水准就算现在看来,也是一流的。对于这些服务技巧,张秉贵还有详尽的阐述。

顾客多时怎么办？

顾客多，是很正常的现象，有的售货员一看到顾客多，就慢慢售货，排队的人多了，有的顾客怕耽误时间，就走了。看起来，这是解决问题了，但这既不是对顾客负责的方式，也有违售货员的职业守则，而且顾客即便走了，可能还会再来，既浪费了顾客的时间，也不能解决根本问题。

张秉贵和组内同志通过在柜台上的观察、分析，发现节假日买糖果的人较多，他们就提前做好准备，一上班便集中精力接待顾客，尽量减少顾客的等候时间。他们还通过调查研究，掌握了一些顾客的购物特点：农村结婚用什么糖果、外地顾客买什么糖果、平时生活买什么糖果等。不同的顾客接待方法也不一样，老大娘问得细，买得慢，接待时要耐心，把糖果价格交代清楚；小孩子买糖果爱着急，数量少，要把收钱、找钱说明白；男同志买糖果比较干脆，接待时尽量快一些。这样既提高了工作效率，顾客也比较满意。

只看不买怎么办？

熟悉张秉贵的人都知道，他对买与不买的顾客都一样热情。每天到百货大楼的人很多，但不是每个人都要购买东西，更不是每个人都要买糖果，有不少人只是看看。有的售货员认为，顾客光看不买，折腾半天是白费劲，张秉贵认为这种看法不对。

有一次，一位40岁出头的女顾客要看盒糖果，张秉贵热情地递给她。这位顾客看了一阵，又问了糖果的质量和价格，最后说：

"先不买，到别的商店再转转。"张秉贵说："那也好。"顾客走后不到半小时又回来了，经过挑选，买走了一盒糖果。张秉贵说："买与不买都不是绝对的。顾客的看往往是买的准备，今天看是为了今后买。那位女顾客第二次来商店买糖果，正是因为第一次了解得比较详细，顾客想买中意的货物，多看一看、比一比是正常的，这不是找麻烦。"

遇到不顺心的事怎么办？

张秉贵一走进柜台，总是热情接待顾客，难道他没有不顺心的事情？不是的。一次他把刚领到的工资丢了，一家六口人主要靠他的工资生活，当然很着急。可是，一进柜台，他仍然和往常一样接待顾客。多年来，他遇到的不顺心的事情一点儿也不少，老伴、孩子生病，自己的身体不舒服等，遇到这样的时候，张秉贵就想，我是一个售货员，不能因为自己不顺心，就带着情绪上柜台。如果服务态度不好，甚至冲顾客撒气，会给更多人带来不顺心，自己的事情没有得到解决，又让更多的人不顺心，这是不应该的。

顾客挑选商品次数多怎么办？

一次，有位顾客买 1 元钱的糖果，要求把货架上的糖果一样挑几块。张秉贵主动接近顾客，询问情况，原来这位顾客是制糖厂的工人，想买些糖果带回去做样品，研究研究。当时货架上有 30 多种糖果，张秉贵每样拿下几块供顾客挑选，顾客非常满意。

百货大楼的顾客来自全国各地，需求不同，口味不同，目的也不一样，为了让顾客买到称心如意的糖果，张秉贵对顾客的问题总是耐心解答，帮助他们挑选，从来不嫌麻烦。他说："如果售货员怕麻烦，不让顾客挑选，顾客买了东西不合适，再来回退换，就更麻烦。要想没有一点儿麻烦，除非没有顾客，可是如果没有了顾客，售货员还有必要存在吗？"

商品不足怎么办？

以前，张秉贵遇到商品暂时不足时，只是耐心向顾客进行解释，他心想生产的问题和他们关系不大。有一次，有位顾客买一种奶糖，张秉贵说："没有货。"顾客急切地说："你们能不能建议工厂多生产一些？"顾客的话对他很有启发，顾客的需求和商品的供应，是紧密联系的，作为商场，及时向生产企业提供一些信息，这是对产供销都有利的事情。从那以后，张秉贵遇到商品不足的时候，除了向顾客进行解释外，还注意收集顾客的意见和需求，并向领导和有关部门反映。

在商品暂时不足的情况下，张秉贵还向顾客介绍其他相似的商品，让顾客满意。

遇到熟人怎么办？

在柜台上，张秉贵经常遇到熟人来买糖果，这是正常的事情，但有的熟人提出了一些不合原则的事情，张秉贵也能妥善处理。一天，有个邻居来找他，想不排队多买些糖果。他想这个后门不能开,开了就难以关上,生人熟人一样对待,这是他给自己提出的要求。他就对邻居说:"照顾你一个人,影响一大片,往后我怎么给别人做工作呀!"最后,这个邻居排队购买了规定的数量。有人认为,走后门的风很难顶住,因为凡是来找你走后门的人,都和你有一定的关系,自认为比别人特殊,应当受到照顾。可是张秉贵认为,如果每个商店、每名售货员都能不谋私利、不徇私情,那么开后门的不正之风就会杜绝。

售货员占理时怎么办?

有时候,售货员和顾客发生矛盾,双方都要理论理论,说说谁有理,谁没理,谁占理多,谁占理少。在有些情况下,售货员占理,怎么办?张秉贵说:"售货员占理要讲理,但要理直气和,注意方法和态度,不能得理不让人。如果顾客态度不好,售货员也跟着发火,甚至讲很难听的话,就会有理变为无理。当然,如果个别顾客真有错误,也要进行批评,但一定要坚持以理服人。"

一次,一位女顾客买了五包糖果,装进提包后,硬说张秉贵少给了她一包,张秉贵耐心地劝她打开提包瞧一瞧,这位顾客打开提包一看,发现不多不少正好五包,张秉贵并没有少给。这时,女顾客面带愧色,赶忙说:"对不起。"

顾客间发生矛盾怎么办?

一天早晨,商店刚开门,有四位顾客跑步来到糖果柜台前,争执起来。这个说:"我先来的。"那个也说:"我是先来的。"张秉贵赶忙上前去劝说:"大家都是来买东西的,来得都很早,谁有事儿我先给谁拿吧,不会差这几分钟时间。"经他一说,四位顾客由争执变为谦让,矛盾顺利解决了。

顾客和顾客之间发生小摩擦,也是常有的事情,遇到这种事张秉贵从不袖手旁观,也不激化矛盾。为避免顾客之间不必要的纠纷,他常常一边售货,一边注意做好团结工作,遇事同顾客商量。因此,糖果柜台前虽然顾客较多,但经常秩序井然,很少发生争吵。

顾客提出批评时怎么办?

同事们常用一句话来说张秉贵,那就是"张秉贵听到顾客的批评和表扬,一样高兴"。这话很真实,在柜台上,张秉贵经常受到顾客的表扬,但有时也听到批评。有一回,他给顾客称糖果,不留神带上了两张糖纸,顾客不满地说:"我买的是糖果,不是糖纸!"听到这话,张秉贵没有生气,顺手把糖纸捡了出来。他常说:任何事物都是一分为二的,一个人优点再多,也可能存在不足。顾客的批评是指出缺点,顾客的表扬是指出优点,两者针对的问题不同,但目的一致,都是激励售货员进步。因此,不能听到表扬就高兴,听到批评就反感。为了从群众中汲取营养,张秉贵给自己定了一条规矩:听到一次表扬,找一次差距;听到一次批评,总结一次教训,有时还能从表扬中看到批评。

一次,几位顾客看到他工作效率高,议论说:"售货员都像他这样快就好了!"说者无意,听者有心。下班后,张秉贵反复琢磨，感到这句话里有表扬也有批评，表扬的是自己售货速度较快，批评的是自己没有搞好传帮带。在商店领导的帮助下，他经常和青年职工一起学习理论，交流思想，他向年轻同事传授业务技术，鼓励大家在自己的岗位上多做贡献。

快下班时怎样对待顾客？

张秉贵在快下班的时候，同刚上班的时候一样，总是耐心热情地接待完最后一位顾客。晚上 8 点半前后，站了一天柜台的张秉贵感到十分疲劳，但却仍然精神饱满地工作着。他认为：从时间上来看，下班前结账，铃声一响走人是"合理"的，但从群众的需要来看，丢下顾客不管，又是"不合理"的。作为售货员，就应当为顾客考虑。来晚的顾客，一定有原因，今天不能顺利购买商品，可能会耽误事情。所以张秉贵觉得关门前后，时间虽然很短，但却是衡量售货员能不能"完全""彻底"为人民服务的一个标志。只有树立正确的思想，才能时时想着顾客，处处为了顾客。在张秉贵的带领下，"接待好最后一个顾客"开始成为全店职工共同的目标和行动。

## 生命之火最后的燃烧

张秉贵正像希腊神话中的普罗米修斯一样,将"火种"遍撒人间。

他参加会议、作报告,不顾疲劳,随着年龄的增长,身体也渐渐变差。可是,在他住院之前,却应老山前线战士的要求,做了最后一次售货表演。

1987年1月14日,春节前夕,老山战士组成的乐团来京汇报演出时,专程来百货大楼和职工联欢。张秉贵因年事已高,已正式告别了柜台,但他特意从家里赶来参加联欢,到柜台进行售货。

人们永远难忘那激动人心的场面:张秉贵满面笑容,重新在柜台露面,柜台外站满了老山战士们,顾客们纷纷涌向糖果柜台,里三层外三层,争看模范与英雄的"柜台相会"。二三十名战士依次买到了张秉贵手中的糖果，他们捧着那捆扎得漂亮而结实的牛皮纸包，高兴得就像捧到刚刚颁发的"军功章"。一位战士购买两斤糖果，张秉贵一样几块地拿了十几个品种，刚称好、包完，便脱口报出款额。这位战士高兴地说："我要把糖果带回前线，让大家都尝尝张师傅卖的糖果。"

张秉贵在柜台上精神抖擞，可是到底还是年老有病，半个小时之后，他已浑身是汗。临行前，乐团的战士们将老山前线纪念章亲手佩戴在张秉贵胸前，深情地说："如果再来北京，一定再来买糖果！"

历史性的售货结束了，战士们欢欣鼓舞地登车告别。张秉贵走出柜台，在办公室里他只能靠着墙扶着桌椅站立，浑身直冒虚汗，谁也没有料到，从此之后，张秉贵再没能重返他心爱的柜台。

1987年5月2日，在北京协和医院，几位表情严肃、神情略带紧张的大夫从手术室走出来。他们摘下口罩，长吁一声。担任主刀的协和医院院长朱预默默地写下了：张秉贵，69岁，贲门癌，晚期……

大夫、护士们大部分都是张秉贵的顾客，他们与张秉贵有着深厚的情谊，知道这样严重的病情后，心情都特别沉重。但是他们强作欢笑："手术效果很好，请张师傅安心休养，早日恢复健康。"可是大家的内心都在哭泣："张师傅哟张师傅，您为什么不早点来就诊？现在是太晚、太晚了！"

是的，张秉贵的身体状况他自己并不是不清楚，但他哪里顾得上休息呀！

有人还记得，大约在一年前，张秉贵还在风尘仆仆、精神饱满地到处作报告，他丝毫没有停歇的想法。

1986年6月12日，天刚蒙蒙亮，一辆白色面包车就疾驶在北京通往张家口的路上，经过4个多小时的颠簸，连早饭都没来得及吃的张秉贵，下车后就投入工作，当天就作了一场报告。

在张家口，张秉贵三天作了四场报告，再加上每天都做表演，这么大的工作量对一位年近七旬的老人来说，确实超出负荷，他的身体怎么能吃得消？四场报告，场场爆满，只是仍然不能满足张家口商业战线职工的要求。临行前的晚上，张秉贵又应邀与近百名同行交流，切磋服务工作中常常遇到的问题。大家你一言、我一语地提问，张秉贵一一回答，并举自己工作中遇到的事例进行阐释，直到深夜11点钟，会议主持人再三宣布散会，大家才与张秉贵依依惜别。

仅仅是短暂的睡眠，第二天一大早，张秉贵又踏上了返京的路途。车行两小时后，按计划到中途的怀柔县临时休息。没料到，怀柔县几位负责人早早就在这里迎候。他们满怀歉意地说："张师傅，您这么劳累，我们实在是不好打扰，但机会难得，我们还是想请您给县里作场报告，群众已经等候在礼堂了。"

这种特殊的邀请方式，实在出人意料，随行的人们知道张秉贵已经很疲劳，没有人说话，静静地把目光投向张秉贵，他们多希望张秉贵拒绝呀！可是他们都知道那不是张秉贵的性格，不是他的为人。果然，张秉贵还是那副谦恭的样子，笑着说："可以，可以，我这就去。"他喝了几口水，然后快速走向会场。这时，时针已经指向 10 点半了。

这临时加的一场报告，张秉贵一样认真对待，这场报告是张秉贵所作的 100 多场报告中最长的一次，也是他的最后一场报告。过去，每场报告 100 分钟，不会相差 30 秒，这一次却破例讲了 150 分钟，整整两个半小时。

报告完毕，回到休息室，张秉贵脸色苍白，虚汗不止，双手紧紧按在心口上，脸上露出痛苦的神色。可是，刚才，他是那样的精神焕发，他用心头的"一团火"点燃着会场听众的激情。张秉贵没有理会自己的病痛，没有听从随从人员的劝阻，下午又强打精神，应邀到县副食商店，为这里的服务员、顾客表演了"一抓准"和"一口清"，现场掀起阵阵高潮，人们无不惊叹于他的神奇。

就在张秉贵卧床前的一个月，他还抱病相继参加了北京市和全国人民代表大会的会议。作为全国人大代表，他带去了人民群众关于物价、退休职工待遇等问题的建议。这些建议经专门机构研究，被采纳了，他最后一次尽了人民代表的职责。

就在这两次会上，张秉贵已不能进食，每天靠两块巧克力支撑着。可是，无论与会代表，还是大会工作人员，都没有发现张秉贵的病情。因为张秉贵每次开饭都出现在餐桌上，为了尽到自己的责任，不给会议带来麻烦，他在开饭时都准时和大家坐在一起，有说有笑，他强忍着对油荤味的不适应，克制着巨大的痛苦，强咽下几口干饭，然后匆匆离去。

就在这次会上，张秉贵还给北京北兵司马小学写了一封信，在信中他殷切期望孩子们做一个"心中有祖国、有集体、有他人"

的接班人。这是他一生中寄出的最后一封信，把最真挚的希望寄给了祖国的未来。这封信在报纸上发表后，北京市不少小学开展了"学习张秉贵爷爷"的活动，因为他们尊敬的张爷爷正是一个"心中有祖国、有集体、有他人"的人。

张秉贵住院了。他身在病床，心里却没有放下百货大楼同事们的工作。守在身旁的孩子有时忍不住劝说他："爸，您好好养病吧！出院了，您才能工作。"

他对孩子们说："我做得太少了，社会给我的太多了。你们要听组织的话，要多做工作。"他几次把守候他的儿子撵走，说："有医护人员在这里，你们上班去吧！"孩子们拗不过父亲，只好离开医院。

张秉贵住院期间，也是他的孩子们生平第一次有这么长的时间和他在一起。小儿子朝庆遗憾地说："我爸爸的'一团火'都给了别人，对我们来说，'一团火'是妈妈。"确实，张秉贵从1955年成为北京市百货大楼的一名售货员后，直到退休，长期住在单位宿舍，每星期只回家一次。就是仅有的这一次回家，他也无暇和家人在一起，在家里他不是练售货技术，就是到处学习商品知识。至于家务，全由爱人承担。孩子生病时，只有爱人带着上医院看病、守护。就连孩子们的恋爱、结婚，也全都是张秉贵爱人操持的。孩子们开始都对父亲有意见，长大后懂事了，他们才理解了父亲。

张秉贵的孩子们始终感到遗憾的是，都在北京工作的六口之家，竟没有一张全家合影，也没有一同逛过公园。1987年五一劳动节，张秉贵的小儿子要结婚了，四个孩子商量好，这次一定要拍一张"全家福"。照相机、彩色胶卷早早买好了，但谁也没有想到，就在婚礼的前一天，他们的父亲胃痛难忍，被送进了医院，从此一病不起。

张秉贵的孩子们有不少遗憾，但他们也有着别人难以拥有的幸福，他们为有这样的父亲而骄傲。因为在父亲病重的日子里，他们亲眼看到了中央领导，以及素不相识的工人、军人、教师、医生等各行各业人士，对他们父亲的关心和爱戴，还有比这更高的荣誉吗？还有比这更大的幸福吗？

有一天，一位军人走到张秉贵床前，庄重地向张秉贵敬了个军礼，亲切地说："张师傅，您前年曾经为我们军民共建作报告，使我们受到了深刻的教育和鼓舞，柳荫街3000多名军民推选我来看望您，感谢您！"张秉贵想起了那次热烈隆重的场面，认出了站在眼前的就是张政委，他激动地流下了眼泪……

躺在病床上的张秉贵，身体显得那样的虚弱。病魔时时向他袭来，使他一阵阵地感到窒息。但是，他的神智还很清醒，面部表情平静自若。他在想什么呢？想他的柜台？顾客？想他付出的劳动？想顾客对他的爱护？

他柜台前的顾客，几乎都是他的朋友，每天都有人来看望他。

想着想着，他的眼睛湿润了。一个在平凡的工作岗位上工作的一个平凡的人，如今正被成千上万的人关注着、惦念着、祝福着……他，赢得了人们的信任、钦佩和敬重。

一位手捧鲜花的女同志来到协和医院，她要代表首都儿童医院的几位经常到百货大楼买东西的朋友、同事看望张秉贵,表示她们的心意,但被医护人员拒绝了。她不甘心就这样离去,匆忙中,她给张秉贵留下一封信,上面写道:"我是您的一名顾客。1972年当我第一次见到您时,您在柜台里面热情地接待着顾客。当时,我被您热情周到的服务和娴熟的服务技巧惊呆了。大冬天的,您竟忙得脸上泛着红光,额头上渗着汗珠。我不忍心再给您添麻烦,就默默地站在柜台左侧看您工作,以致忘记了时间。那时,我在外地工作,每次来京,必到百货大楼看您售货。虽然没忍心从您手中买过一块糖果,但看您工作本身就是一种艺术享受,您售货就像一堂'为人民服务'的教育课……"

又是一位 30 多岁的女同志,匆匆来到百货大楼工会。她不留姓名,只是询问张秉贵得了什么病,病情如何?当她得知张秉贵患了癌症之后,泪流满面,泣不成声。她十分悲痛地说:"他怎么会得这种病?"走出百货大楼,她又来到协和医院住院部的门前,久久地不肯离去……

张秉贵与病魔整整搏斗了 4 个多月,在病床上,他让老伴拿来收音机,每天都要听新闻。他对前来看望他的百货大楼的总经理李恒茂说:"国庆节快到了,要把市场安排好。今年的国庆和党的十三大连在一块儿,大楼的服务工作要做得更好呀!"

1987 年 9 月 14 日这天,张秉贵从昏迷中清醒过来,他看到了站在病床前的北京市百货大楼食品组党支部书记邓广凤,他断断续续地说:"服务要做好,咱们大楼是窗口单位……节假日你们那么忙,我真想回去站站柜台,为顾客称一称他们喜欢的糖果。"

在病魔面前,张秉贵没有屈服。他在生命垂危的时候,仍旧关注着国家大事,关注着首都人民的生活。

9月18日,张秉贵去世。

# "一团火"精神永存

张秉贵去世的第二天,在他工作过的北京市百货大楼糖果柜台前,顾客特别多。

人们不再边买糖果边关切地打听他的病情,一些人默默地站了一会儿,又默默地离开了。

一位年轻的母亲拉着一个小孩走过来,她慢慢俯下身对孩子说:"过去张秉贵爷爷就在这儿卖糖果,现在不在了。"周围的人听到这句话,眼圈都湿润了。

一位身材高大的男青年,深情悲戚,久久徘徊在糖果柜台前。

"您来买糖果?"

"不是。"

"来看张秉贵师傅?"

"不是。我已经知道他去世了。我是来看看老师傅工作过的地方。"

"你是他的徒弟？"

"不是……也是。我也是服务行业的。14年前，在这儿买糖果被张师傅吸引住了。我真想拜他为师呀，就是鼓不起勇气……不过，我心里早已把他当作我的师傅了。"

一位中年人倚着柜台，不忍离去。这位铁道部某桥梁工厂的工程师说："曾听说他在百货大楼带出不少徒弟，特意来看看。果然，不少青年售货员都能'一抓准''一口清'，动作挺规范，态度也不错。看到此情此景，我心里也好受了一些。"

在百货大楼一楼营业厅，有一条醒目的红色横幅："发扬张秉贵'一团火'精神，进一步提高优质服务水平。"满头白发的"张秉贵式售货员"李长满，这位张秉贵的老同事，正带领着十来名青年营业员忙碌地接待周围一层层的顾客。一位脸上带着稚气的营业员哽咽地对大家说："张秉贵原来就在这儿站柜台，我现在觉得他还在这儿。"

食品部党支部书记邓广凤讲了这样一件事："25岁的营业员刘根，原来和张秉贵一个组，朝夕相处，张秉贵对工作的忘我精神，对顾客炽热的真情，对售货技术刻苦的钻研，使小刘深受教育。张秉贵对小刘关心，小刘对师傅也格外尊敬。1985年，小刘从糖果组调到烟酒组，张秉贵亲切地对他说：'要带去咱们的作风，搞好服务。'张秉贵住院后，小刘一直想去陪伴、照料他，可是没等如愿，张师傅就走了。噩耗传来，小伙子伏在柜台上失声痛哭。"

北京人民广播电台组织的座谈会上，大家谈着谈着便说不下去了，发言者激动，听者感动，主持人和录音师都哭了。张秉贵的徒弟王京华的发言录了三次才成，还是边说边哭。

烟酒组的几位营业员回忆说："张秉贵的手握过国家领导人的手，握过社会名流的手，握过许许多多顾客的手，也握过我们的手。他的手是那么灵巧，'一抓准'令人惊叹；他的手又是那么'热'，温暖了许多人的心，他的手为我们商业战线上的职工争了光。"

服务标兵吴恩会说："张师傅在点滴小事上严格要求自己，把顾客当亲人，给我们做出了榜样，我就是以他为楷模的。"

很多售货员都说："张师傅离去了，但他的'一团火'精神绝不会随之而去。"

北京市委发出关于向张秉贵学习的决定后，百货大楼召开了党支部书记会、团委会，以及劳模、青年代表座谈会，还组织服务标兵示范表演、巡回报告，举办张秉贵事迹图片展，播放张秉贵生前事迹录像。食品部还具体提出学习张秉贵的"四个一"：卖货一抓准，算账一口清，服务一个劲，"分外"一件事（即每天至少做一件分外服务的好事）。在百货大楼，一股"学习张秉贵，争当文明售货员，争创文明班组，争在文明柜台"的热潮兴起来了。

张秉贵晚年带的25个徒弟，都纷纷获得五一劳动奖章、全国新长征突击手、劳动模范、先进工作者等光荣称号。

1987年9月26日上午，数以万计的群众络绎不绝地来到八宝山革命公墓，向张秉贵作最后的告别。

张秉贵入党后，曾说过这样一段话："我们售货员要用全心全意为人民服务的一团火，来温暖广大顾客，使他们不仅在商店里感到热乎乎的，回到家里热乎乎的，走上工作岗位还要热乎乎的，激发出更大的干劲，投入社会主义建设，这才算我们对革命事业有了一点儿贡献。"

他做到了。

张秉贵常说："我们站柜台不单是经济工作，也是政治工作；不单是买与卖的关系，还是互相服务的关系……不管哪一个营业员服务态度不好，人家不光说你一个人不好，本地人会说你那个商店服务态度不好，外地人会说你那个城市服务态度不好，港、澳、台同胞会感到祖国不温暖，外国人会说中华人民共和国不文明。我们真是工作平凡，岗位光荣，责任重大！"

他做得很好。

"文革"期间，张秉贵成了"黑标兵""假劳模"，虽然他心里非常痛苦，但仍然和过去一样，满腔热情地接待顾客，顾客从他的微笑中看不到一丝阴影。

张秉贵不仅技术过硬，而且注意仪表。他天天服装整洁，容光焕发。他认为："站柜台就得有个干净利落的精神劲儿，顾客见了才会高兴买我们的东西。特别是我们卖食品的，如果不干不净，顾客就先倒了胃口。"他坚持每周理发，每天刮胡子、换衬衣、擦皮鞋。

张秉贵以他热情的态度，纯熟的技术和端正的仪表博得了顾客的爱。

媒体以最高的评价总结了张秉贵的精神：

热爱服务工作，把站柜台当作崇高的事业，脚踏实地，埋头苦干，全心全意为人民服务——这就是张秉贵精神。

像"一团火"一样，时时刻刻为顾客着想，满腔热情为顾客服务，千方百计为顾客送温暖——这就是张秉贵精神。

有高度的事业心和责任感，对工作极度负责，对技术精益求精，永不停步，不断提高服务水平——这就是张秉贵精神。

不为名，不为利，廉洁奉公，谦虚谨慎，永葆工人阶级本色——这就是张秉贵精神。

张秉贵是百货大楼的光荣与骄傲，他一生倡导和身体力行的"一团火"精神，表现出一位老劳模、老党员对祖国、对集体、对人民事业高度负责的精神风貌。

张秉贵，新中国商业战线的一面红旗，一团永不熄灭的火。他为首都人民争了光，为新中国的商业职工争了光。

王府井百货集团董事长郑万河高度评价张秉贵，他说："张秉贵几乎做到了销售服务的极致。随着王府井百货事业的不断发展，我们感到，需要在采购、管理、配货、财务、物流等各个岗位上培养起更多新时代的'张秉贵'。"

张秉贵有六个兄弟，两个姐妹，在六个兄弟中，他排老四。和妻子崔秀萍生有四个儿子一个女儿。其中，一个儿子在不到1岁时，过继给了没有子女的张秉贵的五弟。这个儿子上小学五年级时，不小心摔折了胳膊，住进了天坛医院。张秉贵天天到医院去看他。这个儿子有一天问道："四大爷，你为什么老来看我啊，别的大爷、叔叔为什么就不像你这样老来看我？"张秉贵不愿向孩子透露身世，就说："我每天下班顺道，顺便来看看。"后来这个儿子从别处知道了自己的身世，长大以后，他对自己的养父母和亲生父母都很孝顺。

除了过继的这个儿子外，张秉贵还有三子一女，这四个孩子都干过商业。大儿子从百货大楼后勤部病退，女儿从红都服装公司内退，二儿子张朝和接了张秉贵的班，小儿子以前也在北京市一家商业企业工作。在他们的生活中，父亲的影子无处不在。

1999年，张朝和接到了去百货大楼糖果组上班的通知，当时张朝和的心里直打鼓，他说，顾客要是知道自己是张秉贵的儿子，肯定都等着看"一抓准"的绝技呢！可他在大楼卖了7年玩具和书，秤都没摸过。张朝和说，当时就一个念头，不能丢父亲的脸。下班回家的路上，他专找糖果品种多的大商场进。在菜市口一家商场的糖果柜台前，他一站就是半小时，看得太入神儿了，商场的值班经理出来问他："您这是干嘛，想买糖果吗？""不买。"张朝和这才回过神儿来："我是百货大楼的⋯⋯"当经理知道他是张秉贵的儿子，来这儿取经时，马上热情地让他进柜台里练手儿，还一样一样地告诉他："水果糖有两克的、有四克的，奶糖有五克的、有六克的⋯⋯"张朝和赶紧往本上记。他见家门前有个糖果摊儿，就主动跟摊主套近乎，终于，摊主答应晚上收摊儿，让他连糖带秤搬回家去练"一抓准"。

一件小事，更让张朝和难忘：一位40多岁的女顾客，好不容易排队排到了柜台前却说："小张，我今天不是来买糖果的。

我就为看看你……1979年,我在这儿买过一次糖果,当时,我向你父亲提出让他帮着找个糖盒,柜台里没有,你父亲就跑到库房给我找来一个。那个糖盒并不精致,可我一直保存到今天,还经常跟我孩子念叨这段事儿,那是你父亲对人民的一片心啊!"

售货时的张朝和挂着的胸牌上写的是"张朝和——北京市劳动模范小张秉贵"。

张朝和说,父亲已经去世这么多年了,许许多多人都没忘记他,而张朝和自己也觉得,父亲在天国仍然微笑着注视着他们兄弟姐妹,激励着他们努力工作,好好做人。

王府井百货大楼的员工没有忘记他,顾客们没有忘记他,很多见到或没见到过张秉贵的人们都记得他、怀念他、学习他,传颂他的事迹。

1988年9月18日,张秉贵去世一周年之际,由国家商业部、北京市商贸工委、北京市总工会和北京市百货大楼联合,在北京东城区王府井大街北京市百货大楼前的广场上竖立起了张秉贵的半身铜像。铜像面带微笑,胸佩"优秀售货员"证章。底座为大理石方座,前方镌刻陈云同志的题词"'一团火'精神光耀神州"。背面写着"全国劳动模范北京市百货大楼售货员张秉贵同志(1918—1987)"。

1999年10月1日,中华人民共和国成立50周年之际,张秉贵的儿子张朝和登上了国庆观礼台。张朝和同样是一名售货员,时任国家主席江泽民勉励他:"你可一定要接好你父亲的班啊!"

2000年,王府井百货大楼推出了一种"张秉贵糖",被放在了糖果柜台最抢眼的位置。花花绿绿的糖纸上，印着张秉贵的头像。这种糖果在正式上柜的第一天，就创下卖出 40 多千克的记录。在一些老顾客心目中，始终有着一份挥之不去的"张秉贵"情结。

2005 年，王府井百货大楼成立 50 周年之际。王府井百货集团党委向全体党员提出在保持共产党员先进性活动中要做到"两不误、两促进"。在服务工作上，党委向党员提出"一个党员一面旗"，要带头追求最完美的服务，做到"让服务像呼吸一样自然"。作为张秉贵的亲传徒弟和后代，全国劳动模范卢秀岩和北京市劳动模范张朝和积极传播"一团火"精神。在百货大楼 9 月份的"50 周年店庆"时推出的"张秉贵周"特别活动中，他们身着张秉贵当年穿过的老工作服，来到张秉贵曾经工作过的柜台，向广大消费者展示"一抓准"和"一口清"的绝技，再现了张秉贵当年的风采。

多年来，"张秉贵式"几乎已成为优质服务的代名词，影响遍及全国。

张秉贵生前所收的徒弟们、徒弟的徒弟们，在中华大地，在各行各业，用张秉贵"一团火"精神服务社会，张秉贵的精神永存！

# 一位外国游客的疑问

2008年,北京举行奥运会期间,一位外国游客到北京王府井百货大楼旅游购物,在百货大楼前的广场上,一座面带微笑的半身铜像引起了他的注意,他问:"这是谁?这个人的铜像为什么能坐落在这里?"

有人告诉他:"这铜像是他身后这座商店里的劳动模范张秉贵。"并给他简单介绍了张秉贵的一些情况。这名外国友人听完后竖起大拇指,用生硬的汉语连声称道:"张秉贵,了不起!"

类似的话在20多年前同样有一位国际友人说过,那是1987年,张秉贵因病住院时,到医院探望的人络绎不绝,有党和国家领导人,也有教授、专家,更多的是热爱他的顾客。这位曾经见过张秉贵售货的国际友人感慨地说:"这种场面,在国外只有名声好的政治家和红得发紫的影视明星才能遇到,而中国的一名普通售货员能享此殊荣，真了不起！"

张秉贵到底是怎样一个人，又是怎样"了不起"呢？

他出生在旧社会，只在一所贫民学校上过两年多学。11岁就离开家，当了童工，17岁到商店学徒，受尽欺凌侮辱。中华人民共和国成立后，他的生活发生了根本的改变，他从1955年11月到北京市百货大楼站柜台，30多年间，共计接待了近400万人次顾客，同这么多顾客打交道，他没有红过一次脸，没有吵过一次嘴，没有怠慢过任何一个人。他以"一团火"精神为人民服务，对待顾客主动、热情、周到、耐心；对业务精益求精，他拿糖果"一抓准"、算账"一口清"的售货技艺使人赞不绝口。

1957年，他被评为北京市劳动模范。

1958年9月，他加入中国共产党。

1959年，他参加了全国群英会。

1977年8月，他当选中国共产党第十一次全国代表大会的代表，并出席了大会。12月31日，北京市委财贸部发出通知，号召全市职工向张秉贵学习。

1978年，他被北京市政府授予"特级售货员"称号，是获此称号的第一人。

1978年和1983年先后，他被选为第五届、六届全国人民代表大会代表，曾当选全国人大常务委员会委员。

1979年，他被国务院授予"全国商业系统劳动模范"。

1987年，他被中共北京市委授予"北京优秀共产党员"称号。

1987年9月18日，张秉贵因患癌症去世，终年69岁。

# 张秉贵年谱

**1918 年**

出生于北京市丰台区。他一出生，人们就看见左侧眉头上方有一颗很大的黑痣。看相的人说，此相男主大贵，于是给他取名"秉贵"。

**1926 年**

入私塾，上了不到两年的学便辍学了。

**1928 年**

到纺织厂当了童工。

**1936 年**

8月，经大哥的一位叫周月卿的好朋友作保，快满18岁的张秉贵来到坐落在北京西总布胡同西口外的一家名为"德昌厚"的商店做了学徒。从此开始了他忍气吞声、备受盘剥的学徒生涯。

### 1942 年

腊月张秉贵和崔秀萍结婚,是年,张秉贵 24 岁,崔秀萍 18 岁。

### 1950 年

张秉贵报名参加了工会,还担任了北京市东城区工会第三组联合委员会委员。

下半年,张秉贵被选为东城区百货业工会的组织委员,积极开展发展会员的工作。

### 1951 年

张秉贵的大儿子出生。

### 1955 年

9 月 25 日,中华人民共和国成立后全国第一座大型百货商场——北京市百货公司王府井百货商店(以下简称北京百货大楼)建成开业。

11 月 29 日,张秉贵到北京市百货大楼做售货员工作。

### 1957 年

3 月 4 日,他的入党申请获得批准。这一天,他在笔记本上写下了这样一句话:"永远向前,做名副其实的先进分子!"

是年,张秉贵第一次被评为北京市劳动模范。

### 1958 年

2 月,北京市天桥商场提出了改进商业工作的倡议,并以优良的服务态度受到广泛的赞誉。在"学天桥,赶天桥"的热潮中,天桥商场的五大服务标兵,成为引人注目的新闻人物。

10月1日，张秉贵登上天安门观礼台，观看盛大的国庆阅兵典礼。

**1959 年**

下半年，根据工作需要，张秉贵从糕点柜台调到糖果柜台。

北京市百货大楼当时是全国最大的商业中心，客流量大，加之物资相对匮乏，顾客通常要排长队。张秉贵便下决心苦练售货技术和心算法，练就了令人称奇的"一抓准""一口清"技艺。

参加了全国群英会。

**1960 年**

二儿子张朝和出生。

崔秀萍一辈子称张秉贵为"张师傅"，她从没让这位张师傅干过一天家务活。

张秉贵从清晨开门接待第一位顾客，到晚上送走最后一位顾客，自始至终都能春风满面，笑容可掬。在张秉贵的妻子崔秀萍看来，在单位里是"一团火"的张秉贵在家里却是"一滩泥"，每天都累得不行，回到家里就一动也不想动了。

**1977 年**

8月，当选为中国共产党第十一次全国人民代表大会的代表，并出席了大会。

张秉贵写过一篇《为革命站柜台》的经验介绍文章，第一次把他的服务经验总结归纳为"一团火"精神。

他常说："售货员要用全心全意为人民服务的一团火来温暖顾客，使他们不仅在商店里感到热乎乎的，回家后热乎乎的，走上工作岗位还是热乎乎的，激发出更大的干劲儿，投入社会主义建设，这才算我们对革命事业有一点儿贡献。"

12月31日，北京市委财贸部发出通知，号召全市职工向张秉贵学习。

### 1978年

1978年的春节，北京市百货大楼第一次在门前广场设立年货售货摊点，白天彩旗招展、夜晚灯火辉煌，到处都显示出一派春节的热闹景象。这是百货大楼自"文革"结束之后，第一次开展的节日营销活动。是年，这家商店的营业员张秉贵已是60岁高龄。这名在糖果柜台前站了23年的劳模是北京市百货大楼的服务标杆，一手独特的"一抓准"和"一口清"绝活更是为人所津津乐道。所谓"一抓准"，就是指张秉贵一把就能抓准分量，顾客要一两、二两、一斤，张秉贵一把抓下去，分量丝毫不差；而"一口清"则是指他那非常神奇的算账速度，抓糖果的同时报出了应交的钱数。

被北京市政府授予"特级售货员"称号，是获此称号的第一人。

他出名后，许多单位都邀请他去表演、讲课，做过一百多场正式报告，听众达十多万人次。他亲自传授技艺的徒弟也有25个，有的徒弟后来也成了"五一劳动奖章"获得者。远在1978年的张秉贵，却在当时已经把服务营销做到了极致。

### 1979年

被国务院授予"全国商业系统劳动模范"。成为商业战线上的一面旗帜，多次被授予优秀共产党员称号，当选为党的十一大代表，第五届、六届全国人大代表和常委。

北京有燕京八景，张秉贵售货被称为"燕京第九景"，是首都人民群众对张秉贵售货艺术的美誉。

### 1982 年

文化程度并不高的张秉贵，经过一年多的写作，将自己的柜台服务经验编写成《张秉贵柜台服务艺术》一书，约 5 万字，阐述了柜台服务工作的一些基本规律。

### 1983 年

春节，张秉贵被邀请参加了国务院在人民大会堂举行的盛大的团拜会。

### 1986 年

北京市百货大楼举办了"张秉贵站柜台 50 周年庆祝会"。那年张秉贵已经 68 岁了，早可以退休了，可老人说满 50 还不行，还想再站一年柜台。不料，此时一向身体很好的他被诊断为贲门癌晚期。

### 1987 年

被中共北京市委授予"北京优秀共产党员"称号。

9 月 18 日，张秉贵因患癌症去世，终年 69 岁。在他生命的弥留之际，中共北京市委在他的病榻旁向他颁发了优秀共产党员的荣誉称号。

### 1988 年

张秉贵逝世一周年之际，北京市百货大楼门前举行了张秉贵铜像落成揭幕仪式。黑色大理石基座的正面镌刻着老一辈无产阶级革命家陈云题写的镏金大字："一团火"精神光耀神州。

**1993年**

北京市百货大楼在1993年进行了股份制改造，成为北京王府井百货（集团）股份有限公司（以下简称"王府井百货大楼"）。

**1999年**

为了更好地缅怀张秉贵，弘扬"一团火"精神，1999年9月28日，王府井百货大楼决定将他生前所在的糖果柜台命名为"张秉贵柜台"。

8月28日，张朝和站上以他父亲名字命名的柜台，年近60的张朝和在"张秉贵纪念馆"里的"北京糖果"柜台，为参观者演示了父亲当年的"一抓准"。他伸出右手抓了一把糖果放到秤盘上，不多不少正好"二两"。现场响起一阵掌声，张朝和笑着向大家鞠躬致谢。

张朝和说，父亲选择将自己的一生奉献给百货大楼售货员这个平凡的岗位，用全部的热情践行了全心全意为人民服务的信仰，我们为他感到骄傲。

**2000年**

王府井百货大楼推出了一种"张秉贵糖"，被放在了糖果柜台最抢眼的位置。糖纸上，印着张秉贵的头像。这种糖果在正式上柜的第一天，曾创下卖出40多千克的记录。

**2005年**

王府井百货大楼成立50周年之际。王府井百货集团党委向全体党员提出在保持共产党员先进性活动中要做到"两不误、两促进"。在服务工作上，党委向党员提出"一个党员一面旗"，要带头追求最完美的服务，做到"让服务像呼吸一样自然"。

**2009年**

9月10日，在中央宣传部、中央组织部、中央统战部、中央文献研究室、中央党史研究室、民政部、人力资源社会保障部、全国总工会、共青团中央、全国妇联、解放军总政治部等11个部门联合组织的"100位为新中国成立做出突出贡献的英雄模范人物和100位新中国成立以来感动中国人物"评选活动中，张秉贵被评为"100位新中国成立以来感动中国人物"。

同年，全国著名劳动模范张秉贵和他的爱人合葬于八达岭陵园的林海山宇间。

**2011年**

9月23日，北京市第一座商业劳动模范纪念馆"张秉贵纪念馆"在王府井百货大楼揭幕开馆。

馆内50余件实物和大量珍贵照片讲述了张秉贵在三尺柜台前长达32年之久全心全意为顾客服务的理想和追求，展现了张秉贵以谦虚的态度面对荣誉，向更高的目标迈进，最终成为中国商业领域一颗光彩夺目的服务之星的过程。

**2017年**

9月18日，为纪念曾经在北京王府井百货大楼工作30多年的老劳模张秉贵，王府井集团决定,将每年的9月18日设立为"张秉贵日"，以传承和发扬他的"一团火"精神。

**2018 年**

2018 年是张秉贵一百周年诞辰，在北京市百货大楼一层的张秉贵纪念馆，每天都有很多人前来参观。如今，随着互联网经济的兴起，新商业时代已然到来，但变化的是商业环境、顾客需求，不变的则是温暖顾客的"一团火"精神。

**2019 年**

9 月，获得中华人民共和国成立 70 周年"最美奋斗者"荣誉。